DIREITO DO TRABALHO NO STF

9

GEORGENOR DE SOUSA FRANCO FILHO

Juiz Togado do Tribunal Regional do Trabalho da 8ª Região, Doutor em Direito pela Faculdade de Direito da Universidade de São Paulo, Professor Titular de Direito Internacional e de Direito do Trabalho da Universidade da Amazônia, Presidente da Academia Nacional de Direito do Trabalho, Membro da Academia Paraense de Letras, da Sociedade Brasileira de Direito Internacional e da International Law Association.

DIREITO DO TRABALHO NO STF

9

LTr® 70 anos 2006

Dados Internacionais de Catalogação na Publicação (CIP)
(Câmara Brasileira do Livro, SP, Brasil)

Franco Filho, Georgenor de Sousa
Direito do trabalho no STF, 9 / Georgenor de Sousa Franco Filho. — São Paulo : LTr, 2006.

Bibliografia.
ISBN 85-361-0823-1

1. Direito do trabalho 2. Direito do trabalho — Brasil 3. Brasil. Supremo Tribunal Federal I. Título.

06-2773 CDU-34:331:347.991 (81)

Índice para catálogo sistemático:

1. Brasil : Direito do trabalho : Supremo Tribunal Federal 34:331:347.991 (81)

(Cód. 3274.8)

EDITORA LTDA.

Rua Apa, 165 — CEP 01201-904 — Fone (11) 3826-2788 — Fax (11) 3826-9180
São Paulo, SP — Brasil — www.ltr.com.br

Maio, 2006

PRINCIPAIS OBRAS DO AUTOR:

De autoria exclusiva:

Direito do Mar. Belém, Imprensa Oficial do Estado do Pará, 1974 (esgotado).

A proteção internacional aos direitos humanos. Belém, Imprensa Oficial do Estado do Pará, 1975 (esgotado).

O Pacto Amazônico: idéias e conceitos. Belém, Falângola, 1979 (esgotado).

Imunidade de jurisdição trabalhista dos entes de Direito Internacional Público (Prêmio "Oscar Saraiva" do Tribunal Superior do Trabalho). São Paulo, LTr, 1986 (esgotado).

Na vivência do Direito Internacional. Belém, Cejup, 1987.

Na Academia: imortal por destino. Mosaico cultural (em colaboração). Belém, Falângola, 1987.

Guia prático do trabalho doméstico. Belém, Cejup, 1989.

A arbitragem e os conflitos coletivos de trabalho no Brasil. São Paulo, LTr, 1990 (esgotado).

Liberdade sindical e direito de greve no direito comparado (lineamentos). São Paulo, LTr, 1992.

Relações de trabalho na Pan-Amazônia: a circulação de trabalhadores (Tese de Doutorado na Faculdade de Direito da Universidade de São Paulo). São Paulo, LTr, 1996.

A nova lei de arbitragem e as relações de trabalho. São Paulo, LTr, 1997.

Globalização & desemprego: mudanças nas relações de trabalho. São Paulo, LTr, 1998.

Direito do Trabalho no STF (1). São Paulo, LTr, 1998.

Competência Internacional da Justiça do Trabalho. São Paulo, LTr, 1998.

O servidor público e a reforma administrativa. São Paulo, LTr, 1998.

Direito do Trabalho no STF (2). São Paulo, LTr, 1999.

Tratados internacionais. São Paulo, LTr, 1999.

Direito do Trabalho no STF (3). São Paulo, LTr, 2000.

Globalização do trabalho: rua sem saída. São Paulo, LTr, 2001.

Direito do Trabalho no STF (4). São Paulo, LTr, 2001.

Direito do Trabalho no STF (5). São Paulo, LTr, 2002.

Direito do Trabalho no STF (6). São Paulo, LTr, 2003.

Direito do Trabalho no STF (7). São Paulo, LTr, 2004.

Ética, Direito & Justiça. São Paulo, LTr, 2004.

Direito do Trabalho no STF (8). São Paulo, LTr, 2005.

Obras coordenadas

Direito do trabalho e a nova ordem constitucional. São Paulo, LTr, 1991.

Curso de direito coletivo do trabalho (Estudos em homenagem ao Ministro Orlando Teixeira da Costa). São Paulo, LTr, 1998.

Presente e futuro das relações de trabalho (Estudos em homenagem ao Prof. Roberto Araújo de Oliveira Santos). São Paulo, LTr, 2000.

Em co-autoria

Estudos de direito do trabalho (*homenagem ao Prof. Júlio Malhadas*) (Coordenação: Profª Anna Maria de Toledo Coelho). Curitiba, Juruá, 1992.

Processo do trabalho (homenagem ao Prof. José Augusto Rodrigues Pinto) (Coordenação: Dr. Rodolfo Pamplona Filho). São Paulo, LTr, 1997.

Estudos de direito do trabalho e processo do trabalho (homenagem ao Prof. J. L. Ferreira Prunes) (Coordenação: Drs. Juraci Galvão Júnior e Gelson de Azevedo). São Paulo, LTr, 1998.

Manual de direito do trabalho (*homenagem ao Prof. Cássio Mesquita Barros Júnior*) (Coordenação: Dr. Bento Herculano Duarte Neto). São Paulo, LTr, 1998.

Direito internacional no Terceiro Milênio (*homenagem ao Prof. Vicente Marotta Rangel*) (Coordenação: Profs. Luiz Olavo Baptista e J. R. Franco da Fonseca). São Paulo, LTr, 1998.

Direito do Trabalho (*homenagem ao Prof. Luiz de Pinho Pedreira da Silva*) (Coordenação: Drs. Lélia Guimarães Carvalho Ribeiro e Rodolfo Pamplona Filho). São Paulo, LTr, 1998.

Estudos de Direito (*homenagem ao Prof. Washington Luiz da Trindade*) (Coordenação: Drs. Antônio Carlos de Oliveira e Rodolfo Pamplona Filho). São Paulo, LTr, 1998.

Direito sindical brasileiro (*homenagem ao Prof. Arion Sayão Romita*) (Coordenação: Dr. Ney Prado). São Paulo, LTr, 1998.

Ordem econômica e social (homenagem ao Prof. Ary Brandão de Oliveira) (Coordenação: Dr. Fernando Facury Scaff). São Paulo, LTr, 1999.

Fundamentos do direito do trabalho (homenagem ao Ministro Milton de Moura França) (Coordenação: Drs. Francisco Alberto da Motta Peixoto Giordani, Melchíades Rodrigues Martins e Tárcio José Vidotti). São Paulo, LTr, 2000.

Temas relevantes de direito material e processual do trabalho (homenagem ao Prof. Pedro Paulo Teixeira Manus) (Coordenação: Drs. Carla Teresa Martins Romar e Otávio Augusto Reis de Sousa). São Paulo, LTr, 2000.

Os novos paradigmas do Direito do Trabalho (homenagem ao Prof. Valentin Carrion) (Coordenação: Drª Rita Maria Silvestre e Prof. Amauri Mascaro Nascimento). São Paulo, Saraiva, 2001.

O direito do trabalho na sociedade contemporânea (Coordenação: Dras. Yone Frediani e Jane Granzoto Torres da Silva). São Paulo, Jurídica Brasileira, 2001.

Estudos de direito constitucional (homenagem ao Prof. Paulo Bonavides) (Coordenação: Dr. José Ronald Cavalcante Soares). São Paulo, LTr, 2001.

O direito do trabalho na sociedade contemporânea (II) (Coordenação: Profa. Yone Frediani). São Paulo, Jurídica Brasileira, 2003.

Constitucionalismo social (homenagem ao Ministro Marco Aurélio Mendes de Farias Mello) (Coordenação: EMATRA-2ª). São Paulo, LTr, 2003.

Recursos trabalhistas (homenagem ao Ministro Vantuil Abdala) (Coordenação: Drs. Armando Casimiro Costa e Irany Ferrari). São Paulo, LTr, 2003.

Prefácios

Limites do jus variandi do empregador, da Profª Simone Crüxen Gonçalves, do Rio Grande do Sul (São Paulo, LTr, 1997)

Poderes do juiz do trabalho: direção e protecionismo processual, do Juiz do Trabalho da 21ª Região Bento Herculano Duarte Neto, do Rio Grande do Norte (São Paulo, LTr, 1999)

Direito Sindical, do Procurador do Trabalho José Cláudio Monteiro de Brito Filho, do Pará (São Paulo, LTr, 2000)

As convenções da OIT e o Mercosul, do Professor Marcelo Kümmel, do Rio Grande do Sul (São Paulo, LTr, 2001)

O direito à educação e as Constituições brasileiras, da Professora Eliana de Souza Franco Teixeira, do Pará (Belém, Grapel, 2001)

Energia elétrica: suspensão de fornecimento, dos Professores Raul Luiz Ferraz Filho e Maria do Socorro Patello de Moraes, do Pará (São Paulo, LTr, 2002)

Discriminação no trabalho, do Procurador do Trabalho José Cláudio Monteiro de Brito Filho, do Pará (São Paulo, LTr, 2002)

Discriminação estética e contrato de trabalho, da Professora Christiane Marques, de São Paulo (São Paulo, LTr, 2002)

O poeta e seu canto, do Professor Clóvis Silva de Moraes Rego, ex-Governador do Estado do Pará (Belém, 2003)

O direito ao trabalho da pessoa portadora de deficiência e o princípio constitucional da igualdade, do Juiz do Trabalho da 11ª Região Sandro Nahmias Mello, do Amazonas (São Paulo, LTr, 2004)

A prova ilícita no processo do trabalho, do Juiz Togado do TRT da 8ª Região Luiz José de Jesus Ribeiro, do Pará (São Paulo, LTr, 2004)

Licença-maternidade à mãe adotante: aspectos constitucionais, do Juíza Togada do TRT da 2ª Região e Professora Yone Frediani, de São Paulo (São Paulo, LTr, 2004)

Não há nada que estimule mais a ambição do que o clarim da glória alheia.

Baltasar Gracián

A ELZA,
mais uma vez.

SUMÁRIO

INTRODUÇÃO 13

PARTE I — DIREITOS INDIVIDUAIS

1. Auxílio-doença. ADIn. Manutenção do contrato de trabalho após a sua cessação. Improcedência 17
2. Dano moral. Base de cálculo 18
3. Policial militar. Relação de emprego 20

PARTE II — DIREITOS COLETIVOS

1. Entidades de classe. Legitimidade 25
2. Negociação coletiva. Convenção coletiva. Política salarial 26
3. Receita sindical. Contribuição sindical 28
4. Representatividade sindical 30

PARTE III — DIREITO PROCESSUAL

1. Ação civil pública. Competência. Servidor público admitido sem concurso 35
2. Ação rescisória. Autenticação de peças 38
3. Acidente do trabalho. Competência 40
4. Avulso. Competência 43
5. Celeridade processual. Emenda n. 45/2004 45
6. Dano moral. Competência 53
7. *Habeas corpus*. Emenda n. 45/2004. Competência 58
8. Juros. Art. 192, § 3º, da Constituição. Auto-aplicação. Impossibilidade 60
9. Precatório 62
10. Recurso extraordinário 67
11. Registro público. Crime de desobediência. Cumprimento de dever legal 70
12. Segurança, higiene e saúde do trabalhador. Competência 71

PARTE IV — SERVIÇO PÚBLICO

1. Cartórios 75
2. Concurso público 78
3. Conselho Nacional de Justiça. Constitucionalidade. Composição. Emenda n. 45/2004 83
4. Conselho Superior do Ministério Público. Legitimidade. Composição. Emenda n. 45/2004 88
5. Magistrado 90
6. Servidor Público 94
7. Triênio de atividade jurídica 116

PARTE V — PREVIDÊNCIA SOCIAL

1. Contrato de trabalho. Continuidade 137
2. Trabalhador rural 146

PARTE VI — OUTROS TEMAS

1. Bem de família. Fiador. Impenhorabilidade 151
2. Estatuto da Advocacia 154
3. Sentença estrangeira. Homologação. Emenda n. 45/2004 156

ÍNDICES

ÍNDICE GERAL 159
ÍNDICE DOS JULGADOS PUBLICADOS NA COLETÂNEA 162
ÍNDICE DOS MINISTROS DO STF PROLATORES DOS JULGADOS CITADOS 174
ÍNDICE TEMÁTICO 176

INTRODUÇÃO

Aqui está o volume 9 de *Direito do Trabalho no STF*. Novos julgados da Suprema Corte, garimpados, um a um, em meio a milhares de decisões que se repetem, decorrência desse incrível desejo de recorrer de tudo e de alcançar o Pretório Excelso para ver favorável o decisório.

Vive o Judiciário, desde o primeiro momento de 2005, os efeitos da Emenda Constitucional n. 45, publicada no derradeiro dia de 2004. Pretenderam os constituintes derivados imprimir uma grande reforma nesse Poder, mas nada mais passa do que uma mudança tópica, sem as profundas e indispensáveis alterações que a sociedade reclama e os Magistrados brasileiros tanto almejam.

Introduziu essa Emenda o inciso LXXVIII ao art. 5º da Constituição, preconizando a celeridade dos atos judiciais. O texto é louvável, mas quem pensa que haverá rapidez no cumprimento definitivo do julgado está redondamente enganado. Os recursos continuam existindo, a pobreza do Judiciário não foi reduzida. Aqueles existem às dezenas, permitindo que qualquer decisão, por menos importante que seja, chegue ao exame da Corte Maior. Esta está evidenciada pela falta de recursos, pela ausência de um sistema avançado de tecnologia, pela carência de pessoal.

A pletora de recursos que atinge os tribunais, inclusive o Supremo Tribunal, precisa sofrer urgente redução. Com razões de sobra, o eminente Ministro Marco Aurélio, em reiteradíssimos despachos, acentua: *nota-se que o não-processamento do recurso extraordinário pelo Tribunal Superior do Trabalho vem desaguando, com verdadeira automaticidade, na interposição de agravo. Para tanto, articula-se com a ofensa à Carta da República, quando, na realidade, o que se observa é a tentativa de transformar a Suprema Corte em órgão simplesmente revisor das decisões prolatadas na última instância do Judiciário Trabalhista* (despacho no AI n. 466.335-1-BA, de 17.6.05 — DJ n. 124, de 30.6.05, p. 53)*.

* V., nesta coletânea, no v. 8, pp. 76-7, outras decisões semelhantes a esta.

A quem cabe a solução desses problemas? Não é necessário que se apontem os culpados. É preciso que se diga claramente que os juízes brasileiros, de todos os graus de jurisdição, limitam-se apenas e tão-somente a aplicar leis, usando os meios, geralmente ruins, que possuem. Deles, então, não é a culpa e a eles não é justo se atribuir a responsabilidade.

Demais disso, boa parte dos julgados que figuram neste volume representam as primeiras manifestações do Excelso Pretório acerca das novidades introduzidas pela Emenda Constitucional n. 45/2004, inclusive quanto ao questionável triênio que se passou a exigir para acessar à magistratura de 1º grau e ao Ministério Público.

Ao longo desses nove anos, aproximadamente quinhentos julgados foram selecionados, no intuito de proporcionar aos interessados uma visão evolutiva do entendimento dos eminentes membros da Suprema Corte de nosso País acerca de temas polêmicos de Direito Individual do Trabalho, como a Convenção n. 158, da Organização Internacional do Trabalho, de Direito Coletivo, exemplificando-se com a receita sindical e seus múltiplos aspectos, de Direito Processual, sobretudo quanto à execução contra a Fazenda Pública (os famosos *precatórios*) e às controvérsias sobre competência, do Serviço Público, inclusive decisões acerca de concursos públicos e sobre a Magistratura nacional, de Previdência Social, com ênfase para os efeitos da aposentadoria sobre os contratos de trabalho, além de outros temas de inegável alcance social, como a anencefalia e a prisão civil.

Feitos esses registros, entrego este volume 9, observando a mesma estrutura dos números anteriores e desejando que permaneça servindo de indicativo aos operadores do Direito acerca do posicionamento do STF sobre temas trabalhistas e correlatos mais relevantes.

Agradeço a LTr Editora, na pessoa desse *Mecenas* do Direito do Trabalho brasileiro, meu dileto amigo Dr. Armando Casimiro Costa, pela permanente acolhida, renovando meu amor a minha mulher, Elza, e a meus filhos, Carolina e Georgenor Neto.

Belém, fevereiro/2006

Georgenor de Sousa Franco Filho

PARTE I

DIREITOS INDIVIDUAIS

1. *AUXÍLIO-DOENÇA. ADIn. MANUTENÇÃO DO CONTRATO DE TRABALHO APÓS A SUA CESSAÇÃO. IMPROCEDÊNCIA*

Decidiu o Pleno do STF que a garantia de que trata o art. 118 da Lei n. 8.213/91, mantendo o contrato de trabalho por doze meses após a cessação de auxílio-doença não é inconstitucional, não se confundindo com a regra que vier a ser adotada para regular o art. 7º, I, da Constituição da República. Nesse sentido, a ADIn n. 639-8-DF, julgada a 2 de junho de 2005, da relatoria do Min. Joaquim Barbosa, *verbis:*

> *"AÇÃO DIRETA DE INCONSTITUCIONALIDADE — ARTIGO 118 DA LEI N. 8.213/1991.*
>
> *Norma que assegura ao trabalhador a manutenção de contrato de trabalho por doze meses após a cessão do auxílio-doença, independentemente de percepção de auxílio-acidente. Alegação de ofensa à reserva de lei complementar, prevista no art. 7º, I, da Constituição Federal, para a disciplina da proteção da relação de emprego contra despedida arbitrária ou sem justa causa.*
>
> *Norma que se refere às garantias constitucionais do trabalhador em face de acidentes de trabalho e não guarda pertinência com a proteção da relação de emprego nos termos do art. 7º, I, da Constituição.*
>
> *Ação julgada improcedente".*[1]

[1] ADIn n. 639-8-DF, de 2.6.05 (Confederação Nacional da Indústria — CNI *vs.* Presidente da República e Congresso Nacional). Relator: Min. Joaquim Barbosa. (DJ n. 215, Seção 1, de 9.11.05, p. 1).

2. *DANO MORAL.*[2] *BASE DE CÁLCULO*

Segundo o julgado abaixo, o cálculo da indenização por dano moral *in pecunia* não pode ser feito com base no salário mínimo[3], porque viola o art. 7º, IV, da Constituição. O despacho é do Min. Marco Aurélio, de 18 de fevereiro de 2005, no RE 382.994-7-MG, *verbis*:

"SALÁRIO MÍNIMO — VINCULAÇÃO — INCISO IV DO ARTIGO 7º DA CONSTITUIÇÃO FEDERAL — INDENIZAÇÃO — DANO MORAL — RECURSO EXTRAORDINÁRIO — CONHECIMENTO E PROVIMENTO.

1. Os pressupostos gerais de recorribilidade estão atendidos. O recurso extraordinário veio subscrito por profissional da advocacia regularmente credenciada (folhas 38 e 39), havendo sido observado o prazo disposto em lei. Resta examinar a alegada violência ao inciso IV do artigo 7º da Constituição Federal.

O alcance do preceito outro não é senão evitar que o atrelamento do salário mínimo a situações diversas acabe por inibir o legislador na necessária reposição do poder aquisitivo da parcela, isso objetivando o cumprimento ao que nele previsto. Ora, na espécie, adotou-se, como base para cálculo da indenização por danos morais, fator vedado pela Carta da República. Nesse sentido decidiu o Plenário no julgamento da Ação Direta de Inconstitucionalidade n 1.425-1/PE, de minha relatoria.

2. Ante o precedente mencionado, conheço deste extraordinário pela ofensa ao inciso IV do artigo 7º da Constituição Federal e o provejo para, reformando o acórdão proferido pela Corte de origem, estabelecer a verba indenizatória em pecúnia, ou seja, no equivalente ao resultado da multiplicação dos salá-

---

[2] V., sobre competência em matéria de dano moral, neste volume, pp. 53, 57. Sobre dano moral, v., nesta coletânea, v. 2, p. 44, v. 3, p. 20, e v. 4, p. 33.

[3] V., nesta coletânea, v. 4, p. 33.

rios mínimos fixados na sentença pelo valor representado à época — 5 de junho de 2000 —, incidindo os acessórios.

3. Publique-se".[4]

Em sentido similar, isto é, também reconhecendo a inconstitucionalidade do uso do salário decidiu a 1ª Turma do STF, no Ag Reg no AI n. 510.244-2-RJ, relatado, a 16 de dezembro de 2004, pelo Min. Cezar Peluso, *verbis:*

"1. RECURSO. Extraordinário. Inadmissibilidade. Dano moral. Indenização. Questão infraconstitucional. Matéria fática. Súmula n. 279. Não se admite, em recurso extraordinário, alegação de ofensa que, irradiando-se de má interpretação, aplicação, ou, até, de inobservância de normas infraconstitucionais, seria apenas indireta à Constituição da República, e, muito menos, pretensão de reexame de provas.

RECURSO. Extraordinário. Admissibilidade. Dano moral. Indenização. Índice de correção monetária. Salário mínimo. Ofensa ao art. 7º, IV, da Constituição Federal. Agravo regimental provido em parte. Precedentes. O art. 7º, IV, da Constituição Federal veda o uso do salário mínimo como índice de atualização monetária de indenização fixada em sentença."[5]

---

[4] RE n. 382.994-7-MG, de 18.2.2005 (Lojas Americanas S/A *vs.* Ângelo Tércio de Oliveira). Relator: Min. Marco Aurélio (DJ n. 60, Seção 1, de 30.3.2005, p. 48).

[5] AG REG no AI n. 510.244-2-RJ, de 16.12.04 (Daimler Chrysler do Brasil Ltda *vs.* Roberto Joaquim da Rocha Rodrigues Pereira). Relator: Min. Cezar Peluso (DJ n. 43, Seção 1, de 4.3.05, p. 20).

3. POLICIAL MILITAR. RELAÇÃO DE EMPREGO

O Tribunal Superior do Trabalho reconheceu que não é ilícito o trabalho que presta policial militar a terceiros, e eventual punição poderá ocorrer na forma da regulação própria dessa atividade, não lhe retirando direito a créditos trabalhistas. Assim também tive oportunidade de me posicionar[6]. O tema, porém, envolve exame de matéria fática e não dá ensejo a recurso extraordinário, conforme decidido, a 2.2.2005, pelo Min. Sepúlveda Pertence, ao exame do AI 525.295-8-BA, no qual proferiu a seguinte decisão:

> *"Agravo de instrumento de decisão que inadmitiu RE, a, contra acórdão do Tribunal Superior do Trabalho, assim ementado:*
>
> *'RELAÇÃO DE EMPREGO — TRABALHO LÍCITO E TRABALHO PROIBIDO — POLICIAL MILITAR. O serviço que executa o policial militar, perante terceiro, pode ser proibido, na medida em que a legislação não lhe permite outra atividade fora do regime profissional que o vincula ao Estado, mas certamente não se pode dizer que esteja executando trabalho ilícito. A proibição pode acarretar-lhe conseqüências punitivas, as mais diversas, por força de deveres específicos decorrentes de regulação normativa própria da atividade policial.*
>
> *Mas, em relação ao seu empregador, pessoa que se beneficiou de seu trabalho lícito, não ilícito, ressalte-se, há que prevalecer a proteção das normas trabalhistas, ante o princípio do contrato-realidade. Nesse sentido pacificou-se a jurisprudência desta e. Corte, conforme Orientação Jurisprudencial n. 167 do TST: 'Preenchidos os requisitos do art. 3º da CLT, é legítimo o reconhecimento de relação de emprego entre policial militar e empresa privada, independentemente do eventual cabimento de penalidade disciplinar prevista no Estatuto do Policial Militar.' Agravo de instrumento provido.*

---

[6] V. o meu *Globalização & desemprego: mudanças nas relações de trabalho*. São Paulo, LTr, 1998, pp. 20-3.

Alega-se violação dos artigos 5º, II, XXXV, LIV e LV, e 144, § 6º, IV, da Constituição Federal.

O acórdão recorrido limitou-se a aplicar a legislação infraconstitucional pertinente ao caso. A pretensa ofensa aos dispositivos constitucionais tidos como violados, se houvesse, seria indireta ou reflexa: incide, mutatis mutandis, a Súmula n. 636.

Não há falar em negativa de prestação jurisdicional ou violação dos princípios compreendidos nos artigos 5º, XXXV, LIV e LV, da Constituição Federal. A jurisdição foi prestada, no caso, mediante decisão suficientemente motivada, não obstante contrária à pretensão do recorrente, tendo o Tribunal a quo, como se observa do acórdão proferido, justificado suas razões de decidir: 'o que a Constituição exige, no preceito invocado, é que a decisão seja fundamentada, não, que a fundamentação seja correta: declinadas no julgado as razões do decisum, está satisfeita a exigência constitucional.' (RE 140.370, Sepúlveda Pertence, 1ª T, DJ 21.5.1993).

Ademais, para verificar a ocorrência, ou não, dos requisitos que caracterizam o vínculo empregatício, faz-se mister o exame dos fatos e das provas que permeiam a lide, prática inadmissível no recurso extraordinário (Súmula n. 279).

Nego provimento ao agravo." [7]

[7] AI 525.295-8-BA, de 2.2.2005 (Companhia Brasileira de Distribuição *vs.* Valdemir dos Santos). Relator: Min. Sepúlveda Pertence (DJ n. 29, Seção 1, de 14.2.2005, pp. 29-30).

PARTE II

DIREITOS COLETIVOS

1. *ENTIDADES DE CLASSE. LEGITIMIDADE*[1]

Entendeu o Pleno do STF, por maioria, a 12.8.2004, acompanhando voto do relator, Min. Celso de Mello, no Ag Reg em ADIn 3.153-8-DF, que as *associações de associações de classe* possuem legitimação para ajuizamento de ADIn, garantia decorrente de serem entidades de classe de âmbito nacional, nos termos do art. 103, IX, da Constituição. A decisão da Corte é a seguinte:

"Ação direta de inconstitucionalidade: legitimação ativa: entidade de classe de âmbito nacional: compreensão da associação de associações de classe: revisão da jurisprudência do Supremo Tribunal.

1. O conceito de entidade de classe é dado pelo objetivo institucional classista, pouco importando que a eles diretamente se filiem os membros da respectiva categoria social ou agremiações que os congreguem, com a mesma finalidade, em âmbito territorial mais restrito.

2. É entidade de classe de âmbito nacional — como tal legitimada à propositura da ação direta de inconstitucionalidade (CF, art. 103, IX) — aquela na qual se congregam associações regionais correspondentes a cada unidade da Federação, a fim de perseguirem, em todo o País, o mesmo objetivo institucional de defesa dos interesses de uma determinada classe.

3. Nesse sentido, altera o Supremo Tribunal sua jurisprudência, de modo a admitir a legitimação das associações de associações de classe, de âmbito nacional, para a ação direta de inconstitucionalidade."[2]

---

[1] Sobre legitimidade, v., nesta coletânea, v. 4, pp. 59 e 60, v. 5, p. 35, v. 6, p. 49, e v. 7, p. 45.

[2] AG. REG. na ADIn 3.153-8-DF, de 12.8.2004 (Federação Nacional das Associações dos Produtores de Cachaça de Alambique — FENACA *vs.* Presidente da República e Secretário da Receita Federal). Relator: Min. Celso de Mello (DJ n. 174, Seção 1, de 9.9.2005, p. 34).

2. *NEGOCIAÇÃO COLETIVA*[3]*. CONVENÇÃO COLETIVA. POLÍTICA SALARIAL*[4]

Os efeitos de uma convenção coletiva de trabalho sobre a política salarial é tema deste julgado, o RE 194.662-ED-ED-BA, relatado pelo Min. Gilmar Mendes. Os embargos declaratórios interpostos foram rejeitados, por unanimidade, pela 2ª Turma do STF, a 31.5.2005[5]. O registro a respeito é bastante esclarecedor:

> *"Concluído julgamento de novos embargos de declaração opostos contra acórdão que, entendendo incorreta a premissa que integrou a* ratio decidendi *do julgamento do recurso extraordinário, concedera efeitos modificativos a embargos declaratórios para assentar que prevalece a lei federal que instituiu nova sistemática de reajuste de salário em face de cláusula de acordo coletivo no sentido de que o regime de reajuste de salários ali convencionado seria mantido, ainda que sobreviesse nova lei introduzindo política salarial menos favorável — v. Informativos 227, 294 e 311. Inicialmente, a Turma indeferiu questão de ordem em que se pretendia a suspensão do julgamento da ação, antes de ser proferido o voto-vista do Min. Nelson Jobim, para que fosse analisada a possibilidade de extensão, às outras empresas, do acordo coletivo de trabalho celebrado entre empresa integrante do sindicato patronal embargado e trabalhadores, com o fim de solucionar a pendência judicial existente, já que o aludido acordo teria tratado também dos efeitos perante a presente ação. Considerou-se que o prosseguimento do feito não prejudica a conciliação pretendida, a qual poderá ser concluída a qualquer tempo. Ademais, asseverou-*

---

[3] V., nesta coletânea, sobre negociação coletiva, v. 2, p. 69, v. 3, p. 53, v. 5, p. 37, v. 6, p. 69, e v. 7, p. 40. V., também, os meus *Globalização & desemprego...* cit., pp. 59-64 e *Globalização do trabalho: rua sem saída.* São Paulo, LTr, 2001. pp. 59-64.

[4] V., nesta coletânea, sobre política salarial, v. 7, p.40.

[5] RE 194.662-ED-ED-8-BA, de 31.5.2005 (SINDIQUÍMICA — Sindicato dos Trabalhadores nas Indústrias e Empresas Petroquímicas, Químicas Plásticas e Afins do Estado da Bahia *vs.* SINPER — Sindicato da Indústria Petroquímica e de Resinas Sintéticas no Estado da Bahia e outro). Relator: Min. Gilmar Mendes (DJ n. 108, Seção 1, de 8.6.2005, p. 17).

se que a solicitação objeto da questão de ordem refere-se apenas a uma das empresas sindicalizadas e que a negociação dependeria, ainda, de exame de conveniência e oportunidade por parte das demais.

Em seguida, no mérito, a Turma rejeitou os mencionados embargos de declaração em que se sustentava a existência, no acórdão embargado, de: a) omissão e obscuridade, dado que, ao acolher os primeiros embargos em face de "premissa incorreta", criara-se nova possibilidade de cabimento de embargos de declaração, sem que existisse previsão legal a respeito e b) contradição, tendo em conta que a matéria já havia sido apreciada pelos Ministros Nelson Jobim e Maurício Corrêa, quando do julgamento do recurso extraordinário, o que os impediria de reconsiderarem suas decisões em sede de embargos declaratórios. Entendeu-se que a excepcionalidade de se conferir efeito modificativo ou infringente do julgado a embargos declaratórios ocorreu por não haver, no sistema legal, previsão de outro recurso para a correção de eventual erro cometido. No ponto, o Min. Nelson Jobim concluiu que a indicação de efeitos modificativos aos embargos de declaração não se configura, na espécie, como hipótese nova de cabimento de embargos, mas simplesmente como correção de omissão apontada por meio da "premissa incorreta". Por outro lado, quanto aos votos dos Ministros Maurício Corrêa e Nelson Jobim, afirmou-se não existir qualquer contradição, tendo em conta a impossibilidade de se manter premissa incorreta que distinguira o caso dos autos em relação aos precedentes da Corte."[6]

[6] Informativo STF n. 390, de 8.6.2005, pp. 2-3.

3. *RECEITA SINDICAL. CONTRIBUIÇÃO SINDICAL*[7]

O art. 7º, XXVI, da Constituição, não tem natureza absoluta, podendo a Justiça do Trabalho declarar extinta cláusula que vise cobrar contribuição assistencial de trabalhador não associado ao sindicato. Nesse sentido, a decisão do Min. Sepúlveda Pertence, no AI 535.068-3-SP, de 16.3.2005, *verbis:*

> *"Agravo de instrumento de decisão que inadmitiu RE, a, contra acórdão do Tribunal Superior do Trabalho, assim ementado:*
>
> *'AGRAVO DE INSTRUMENTO — RECURSO DE REVISTA — CONTRIBUIÇÕES CONFEDERATIVA E ASSISTENCIAL. Não se viabiliza o processamento da revista, uma vez que a decisão do Tribunal encontra-se consentânea com o Precedente Normativo n. 119/TST, que dispõe: 'CONTRIBUIÇÕES SINDICAIS — INOBSERVÂNCIA DE PRECEITOS CONSTITUCIONAIS — A Constituição da República, em seus arts. 5º, XX, e 8º, V, assegura o direito de livre associação e sindicalização. É ofensiva a essa modalidade de liberdade cláusula constante de acordo, convenção coletiva ou sentença normativa estabelecendo contribuição em favor de entidade sindical a título de taxa para custeio do sistema confederativo, assistencial, revigoramento ou fortalecimento sindical e outras da mesma espécie, obrigando trabalhadores não sindicalizados. Sendo nulas as estipulações que inobservem tal restrição, tornam-se passíveis de devolução os valores irregularmente descontados'. Óbice do En. n. 333/TST. Agravo a que se nega provimento.'*
>
> *Alega-se violação dos artigos 5º, XX e XXXV; 7º, XXVI, e 8º, III e IV e 93, IX, da Constituição Federal.*
>
> *Quanto à contribuição confederativa, incide a Súmula n. 666 ('A contribuição confederativa de que trata o art. 8º, IV, da Constituição, só é exigível dos filiados ao sindicato respectivo').*

[7] V., nesta coletânea, v. 1, p. 69, v. 3, p. 56, v. 5, pp. 42 e 44, v. 8, p. 33.

No que diz respeito à contribuição assistencial, a controvérsia é de alçada infraconstitucional, conforme ressaltei no julgamento do RE 220.120, 1ª T, DJ 22.5.1998:

'II. Sindicato: contribuição assistencial estipulada em convenção coletiva: sujeição do desconto em folha à autorização ou à não oposição do trabalhador, que não ofende a Constituição.

2. Não se confundem a contribuição confederativa, prevista no art. 8º, IV, 1ª parte da Constituição e a contribuição assistencial estipulada em convenção coletiva ou sentença normativa, de que não cuidou a Lei Fundamental, sequer implicitamente, em nenhum dos preceitos aventados (CF, art. 8º, III, IV e VI e art. 7º, XXVI).

3. É, pois, de alçada infraconstitucional a questão de saber se o desconto em folha da contribuição assistencial se funda no art. 462 CLT e independe da vontade do trabalhador ou ao contrário, no art. 545 CLT, caso em que, como se firmou na jurisprudência, a ele se pode opor o empregado.'

No mesmo sentido o RE 222.331, Ilmar Galvão, 1ª T, DJ 6.8.1999.

Ademais, o Tribunal a quo não deixou de reconhecer acordo coletivo, pelo contrário, o que houve foi interpretação de suas cláusulas, cujo reexame é inadmissível pela via extraordinária. O preceito estatuído no art. 7º, XXVI, não confere presunção absoluta de validade aos acordos e convenções coletivos, podendo a Justiça Trabalhista revê-los caso se verifique afronta à lei.

Não há falar em negativa de prestação jurisdicional ou de inexistência de motivação do acórdão recorrido. A jurisdição foi prestada, no caso, mediante decisão suficientemente motivada, não obstante contrária à pretensão do recorrente, tendo o Tribunal a quo, como se observa do acórdão proferido, justificado suas razões de decidir: 'o que a Constituição exige, no preceito invocado, é que a decisão seja fundamentada, não, que a fundamentação seja correta: declinadas no julgado as razões do decisum, está satisfeita a exigência constitucional.' (RE — 140.370, Sepúlveda Pertence, DJ 21.5.93).

Assim, na linha dos precedentes, nego provimento ao agravo."[8]

---

[8] AI 535.068-3-SP, de 16.3.2005 (Sindicato dos Trabalhadores em Hotéis, Apart-Hotéis, Motéis, Flats, Hospedarias, Pousadas, Restaurantes, Churrascarias, Cantinas,

4. REPRESENTATIVIDADE SINDICAL[9]

Alguns sindicatos filiados a uma federação ajuizaram ações diversas na Justiça do Trabalho. Existia desmembramento anterior, reconhecido pela Suprema Corte. No caso abaixo, foram suspensas as liminares concedidas àqueles sindicatos, fazendo valer o que antes decidira o STF. Assim consta da decisão do Min. Carlos Ayres Britto, na RECL. 3.488-7-SP, de 16.9.2005, *verbis*:

> *"Vistos etc.*
>
> *Cuida-se de reclamação, manejada pela Federação Nacional dos Empregados em Postos de Serviços de Combustíveis e Derivados de Petróleo, contra as decisões proferidas pelos doutos Juízos da 5ª Vara do Trabalho de Vitória/ES, da 17ª Vara do Trabalho de Curitiba/PR, da 8ª Vara do Trabalho de Recife/PE, da 4ª Vara do Trabalho de Uberlândia/MG e da 1ª Vara do Trabalho de Uberaba/MG.*
>
> *2. Sustenta a acionante que os atos judiciais em xeque ofendem a autoridade do decisum proferido por esta Casa de Justiça no RE 202.097, Rel. Min. Ilmar Galvão. Aduz que:*
>
> *'(...)*
>
> *21. Em razão do trânsito em julgado nesse E. STF e face à outorga da certidão sindical, conferindo a legitimidade legal à Reclamante, a Federação Nacional dos Empregados em Postos de Serviços de Combustíveis e Derivados de Petróleo, iniciando suas atividades sindicais, realizou assembléia da categoria, remeteu ofícios aos Sindicatos correspondentes da categoria econômica, objetivando iniciar a negociação coletiva da categoria nas localidades inorganizadas em Sindicatos específicos dos Empregados em Postos de Serviços de Combustíveis e Derivados de Petróleo.*
>
> *22. Ocorre, porém, que, ardilosamente, alguns Sindicatos filiados à Federação Nacional dos Trabalhadores no Comércio*

[9] V., nesta coletânea, v. 4, p. 44.

de Minérios e Derivados de Petróleo 'candidamente' ajuizaram Ações junto à MM. Justiça do Trabalho; face às alterações de competência trazidas pela Emenda Constitucional n. 45.

23. Asseveraram nestas lides que sempre representaram a categoria dos Empregados em Postos de Serviços de Combustíveis e Derivados de Petróleo e que a Federação Nacional dos Empregados em Postos de Serviços de Combustíveis e Derivados de Petróleo estava pretendendo usurpar a representatividade, ferindo o princípio da unicidade sindical, o direito adquirido, o ato jurídico perfeito e a coisa julgada, pretendendo a duplicidade de representação.

24. DELIBERADAMENTE E DE MÁ-FÉ, OMITIRAM o desmembramento da categoria transitado em julgado junto a esse E. STF, induzindo a erro os insignes magistrados que; sem o conhecimento do V. julgado, concederam liminares (...)'

3. Prossigo neste breve relato para anotar que a postulante, após declinar os fundamentos jurídicos da sua pretensão de ver julgada procedente esta reclamação, requer, liminarmente, a imediata suspensão das decisões sob censura. Quanto ao mérito da causa, postula a confirmação do provimento cautelar requestado, a fim de que os atos judiciais reclamados sejam definitivamente cassados.

4. Este o relatório. Passo a decidir.

5. Em boa verdade, averbo que a este juízo prévio e sumário, próprio das cautelares, parece consistente a alegação de desrespeito ao <u>decisum</u> proferido por esta Casa de Justiça no RE 202.097. Assim me posiciono porque, ao julgar o mencionado apelo extremo, o Supremo Tribunal Federal entendeu caber à reclamante a representação dos empregados dos postos de serviços de combustíveis e derivados de petróleo. Veja-se, a esse respeito, um trecho do voto proferido pelo Min. Ilmar Galvão:

'(...) a novel entidade sindical representa categoria específica que, até então, se achava englobada pela dos empregados congregados nos sindicatos filiados à Federação Nacional dos Trabalhadores no Comércio de Minérios e Derivados de Petróleo, hipótese em que o desmembramento, contrariamente ao sustentado no acórdão recorrido, constituía a vocação natural de cada classe de empregados, de per si, havendo sido regularmente exercida pelos 'frentistas', no exercício da liberdade sindical consagrada no art. 8º, II, da Constituição Federal.

(...)'

6. Bem vistas as coisas, parece-me densa a alegação de que as decisões judiciais sob censura, ao impedirem a reclamante de representar os interesses dos empregados dos postos de serviços e derivados de petróleo, ofendem o decidido no RE 202.097/SP, Rel. Min. Ilmar Galvão.

7. Nessa contextura, defiro a cautelar postulada e suspendo, até a decisão de mérito desta reclamatória, a eficácia dos provimentos liminares concedidos no bojo dos seguintes processos:

a) 0372-2005-005-17-00-8, em trâmite na 5ª Vara do Trabalho de Vitória/ES;

b) 81047-2005-651-9-0-1, em trâmite na 17ª Vara do Trabalho de Curitiba/PR;

c) 00715-2005-008-06-00-3, em trâmite na 8ª Vara do Trabalho de Recife/PE; e

d) 00645-2005-104-03-00-2, em trâmite na 4ª Vara do Trabalho de Uberlândia/MG.

Comunique-se.

Publique-se."[10]

---

[10] RECL. 3.488-7-SP, de 1.9.2005 (Federação Nacional dos Empregados em Postos de Serviços de Combustíveis e Derivados de Petróleo *vs.* Juíza do Trabalho da 5ª Vara do Trabalho de Vitória (Proc. 0372.2005.005.17.00-8); Juíza do Trabalho da 17ª Vara do Trabalho de Curitiba (Proc. 81047-2005-651-9-0-1); Juiz do Trabalho da 8ª Vara do Trabalho de Recife (Proc. 00715-2005-008-06-00-3); Juiz do Trabalho da 4ª Vara do Trabalho de Uberlândia (Proc. 645-2005-104-03-00-2); Juiz do Trabalho da 1ª Vara do Trabalho de Uberaba (Proc. 00833-2005-041-03-00-2). Interessados: Sindicato dos Trabalhadores no Comércio de Minérios e Derivados de Petróleo do Estado do Espírito Santo; Sindicato do Comércio Varejista de Derivados de Petróleo do Estado do Espírito Santo (Classe Patronal); Sindicato dos Trabalhadores no Comércio de Minérios e Derivados de Petróleo do Estado do Paraná; Sindicato dos Trabalhadores no Comércio de Minérios e Derivados de Petróleo do Estado de Pernambuco; Sindicato dos Empregados em Postos de Serviços de Combustíveis e Derivados de Petróleo do Estado de Pernambuco; Sindicato dos Trabalhadores no Comércio de Minérios e Derivados de Petróleo de Uberlândia e Região; Sindicato dos Trabalhadores no Comércio de Minérios e Derivados de Petróleo de Uberaba e Região). Relator: Min. Carlos Britto (DJ n. 183, Seção 1, de 22.9.2005, p. 7).

PARTE III

DIREITO PROCESSUAL

1. *AÇÃO CIVIL PÚBLICA.*[1] *COMPETÊNCIA. SERVIDOR PÚBLICO ADMITIDO SEM CONCURSO*

Porque pendente de julgamento a ADIn 3.395-6-DF, e estar em vigor a liminar concedida pelo Presidente do STF, foi determinada a suspensão da ação civil pública em trâmite no TRT da 8ª Região, até que o Supremo Tribunal decida se é ou não da competência da Justiça do Trabalho o exame de ações envolvendo servidor público. Nesse sentido, a decisão do Min. Carlos Ayres de Britto na MC em RECL-3.760-6-PA, de 20.10.2005, *verbis*:

"Vistos etc.

Trata-se de reclamação, manejada pelo Município de Goianésia do Pará, contra a decisão proferida pela MMª Juíza da Vara do Trabalho de Tucuruí, nos autos da Ação Civil Pública n. 1432-2004-110-08-00.

2. Sustenta o reclamante que:

'(...)

O Ministério Público do Trabalho ingressou com AÇÃO CIVIL PÚBLICA DE OBRIGAÇÃO DE NÃO FAZER E DE FAZER COM PEDIDO LIMINAR contra o Requerente e o então Prefeito Municipal, aqui reclamante, Sr. Amário Lopes Fernandes, com o seguinte objeto:

— que o município, através do Prefeito Municipal se abstenha de proceder a contratação de servidores sem a prévia realização de concurso público, até o julgamento final da ação;

— que, no prazo máximo de 30 (trinta) dias, a contar do deferimento da liminar, o Prefeito Municipal desse início aos procedimentos para a deflagração de concurso público, para o preenchimento de cargos ocupados por servidores temporários.

Ao analisar a petição inicial o Juízo da Vara do Trabalho de Tucuruí, deferiu a liminar requerida em todos os seus termos, inclusive, alertando sobre a incidência do crime de desobediência.

---

[1] V., sobre ação civil pública, nesta coletânea, v. 3, p. 74, v. 7, p. 43, e v. 8, p. 65.

Fixou multa no exorbitante valor de R$ 10.000,00, por servidor temporário e descumprimento de obrigação, sem qualquer motivação e fundamentação, o que atenta contra os princípios constitucionais da necessidade de motivação das decisões judiciais e, inclusive dos princípios da razoabilidade de proporcionalidade.

De sua feita, o Município de Goianésia do Pará, apresentou contestação argüindo a incompetência da Justiça do Trabalho em face às decisões proferidas pelo próprio Tribunal Regional do Trabalho, como também, demonstrou que não cabia a ação civil pública cumulada com improbidade administrativa em face de inexistir qualquer ato de improbidade.

No entanto, o MPT requereu e o juízo reclamado deferiu a expedição de mandado de cumprimento de obrigação, ferindo a autonomia municipal e impondo ao reclamante um ônus arbitrário e desproporcional, pois se trata de Município de pequeno porte.

Em seguida, a ação foi julgada procedente aplicando-se ao Reclamante agora Ex-Prefeito Municipal de Goianésia do Pará a pena de suspensão dos seus direitos políticos na forma do artigo 12 da Lei n. 8.429/92, violando ainda da regra da Lei n. 10.628/02, que desloca a competência para o Juízo de segundo grau na forma do inciso X do artigo 29 da CF, com a nova redação dada ao artigo 85 do CPP.

(...)

Com a procedência da ação, os reclamantes interpuseram recurso ordinário para o Egrégio Tribunal Regional do Trabalho, onde ainda tramita o recurso com a possibilidade de ser ainda julgado no final de agosto corrente.

(...)

3. Nessa marcha batida, o peticionante diz que o processamento da mencionada ação civil pública na Justiça obreira ofende a autoridade da decisão tomada pelo Supremo Tribunal Federal na ADIn 3.395-MC, Rel. Min. Cezar Peluso. Aduz que 'a contratação de pessoal se arrimou nas Leis Municipais n. 11/93, de 31.3.1993, que é o Estatuto dos Servidores Públicos do Município de Goianésia do Pará, e da Lei n. 163, de 25.2.2005, onde ambas as leis regulam a contratação de pessoal para atender o excepcional interesse públicos, nos termos do artigo 37, IX da CF/88' (sic, fls. 07).

4. Prossigo no relatório para dizer que, às fls. 150, despachei determinando a juntada de 'cópia dos contratos individuais de Direito Administrativo celebrados' entre a municipalidade e os servidores públicos contratados sob o pálio do inciso IX do artigo 37 da Carta-cidadã. Determinação, essa, que restou atendida às fls. 156/482.

5. De sua parte, a autoridade reclamada, embora notificada, não prestou as informações requestadas (fls. 483).

6. Assim resumida a questão, passo a decidir.

7. Com efeito, em 27.1.2005, o Min. Nelson Jobim deferiu, ad referendum, a medida cautelar na ADIn 3.395. E o fez para suspender toda e qualquer interpretação do inciso I do art. 114 da CF (na redação da EC n. 45/2004) que inclua, na competência da Justiça do Trabalho, a apreciação de causas instauradas entre o Poder Público e seus servidores, a ele vinculados por típica relação de ordem estatutária ou de caráter jurídico-administrativo.

8. Sob este visual das coisas, parece-me consistente a alegação de que o processamento da Ação Civil Pública 1432-2004-110-08-00 na Justiça do Trabalho contraria o decidido na ADIn 3.395-MC. Assim me posiciono porque, à primeira vista, se me afigura possuir a relação jurídica mantida entre os servidores nominados nos referidos contratos de Direito Administrativo e a municipalidade caráter jurídico-administrativo. Fato que atrai a competência da Justiça do Estado do Pará para processar e julgar a referida ação.

9. Nessa contextura, averbo que não estou de todo convencido quanto ao que restou decido na ADIn 3.395-MC. Todavia, resguardo-me para uma melhor análise dessa questão quando do enfrentamento do mérito da referida ação direta. Sendo assim, defiro parcialmente o pedido de medida liminar requestado para suspender, até o julgamento final desta reclamação, o curso da Ação Civil Pública 1432-2004-110-08-00, em trâmite no colendo Tribunal Regional do Trabalho da 8ª Região.

Comunique-se, com urgência.

Publique-se."[2]

---

[2] MC em RECL-3.760-6-PA, de 20.10.2005 (Município de Goianésia do Pará e outro(A/S) *vs.* Juiz do Trabalho da Vara do Trabalho de Tucuruí (Ação Civil Pública n. 1432-2004-110-08-00-X) . Interessado: Ministério Público do Trabalho da 8ª Região). Relator: Min. Carlos Britto (DJ n. 207, Seção 1, de 27.10.2005, p. 19).

2. AÇÃO RESCISÓRIA[3]. AUTENTICAÇÃO DE PEÇAS[4]

Cabe às partes a cautela quanto à autenticação de peças que deve instruir uma ação rescisória. Verificar se havia ou não acesso aos autos para esse fim não enseja a interposição do remédio extremo, porque envolve reexame de fatos e prova. Nesse sentido, a decisão do Min. Sepúlveda Pertence, de 13.12.2004, proferida no AI 525.434-3-MT, *verbis*:

"Agravo de instrumento de decisão que inadmitiu RE, a, contra acórdão do Tribunal Superior do Trabalho, assim ementado:

'AÇÃO RESCISÓRIA — INOBSERVÂNCIA DO ART. 284 DO CPC. Não providenciada a autenticação da decisão rescindenda e da sua certidão de trânsito em julgado no prazo do art. 284 do CPC, depará-se com o acerto da decisão que extinguiu o processo sem julgamento do mérito. Recurso não provido'.

Alega-se violação dos arts. 5º, XXXIII, XXXIV, LIV e LV da Constituição.

É da jurisprudência desta Corte que no recurso extraordinário devem ser considerados os fatos da causa — na versão do acórdão recorrido (AI 130.893-AgR, 2ª T., Carlos Velloso, DJ 14.12.90; RE 140.265, 2ª T., Marco Aurélio, DJ 28.5.93).

Para decidir, assentou o TST (f. 225 e 226, respectivamente):

'Assim, além de ter sido requerida apenas a transferência de um encargo, que é da parte interessada, ao juízo da execução, também constata-se que, no momento processual próprio, o Autor não carreou aos autos qualquer certidão daquele juízo, comprovando que o processo não se encontrava na Secretaria Integrada de Execuções, pois, como é cediço, na maioria

[3] V., sobre ação rescisória, nesta coletânea, v. 3, p. 90, v. 4, p. 69, v. 5, p. 51, v. 7, p. 51.

[4] V., sobre autenticação de peças, nesta coletânea, v. 2, p. 104, v. 4, p. 91.

das vezes, os autos encontram-se conclusos no próprio gabinete do Juiz em atuação na SIEX, fato esse que não acarretaria qualquer empecilho ao cumprimento da determinação judicial.

(...)

Na hipótese em exame, concedido por duas vezes prazo para a autora providenciar a autenticação dos documentos indispensáveis ao julgamento da causa, sem que fosse comprovada tempestivamente a ocorrência de justa causa impeditiva da prática do ato processual, assoma-se o acerto da decisão terminativa escorada no art. 284, parágrafo único, do CPC.'

Conforme se infere do acórdão recorrido, havia completo acesso aos autos para extração das referidas cópias: não há falar em violação dos dispositivos constitucionais apontados no RE. Ademais, para que se pudesse concluir de forma diversa, seria imprescindível o reexame dos fatos e provas que permeiam a lide, o que atrairia o óbice da Súmula n. 279.

Mesmo que não fosse, quanto ao tema de fundo — cabimento de ação rescisória — é copiosa a jurisprudência desta Corte no sentido de que tal matéria é restrita à legislação infraconstitucional: v.g. AI 498.884-AgR, 2ª T., Carlos Velloso, DJ 10.12.04; RE 411.909, 1ª T., Carlos Britto, DJ 3.12.04; AI 439.863-AgR, 1ª T., Eros Grau, DJ 26.11.04.

Nego provimento ao agravo."[5]

[5] AI 525.434-3-MT, de 13.12.2004 (J.C.S. Ribeiro Estacionamento *vs.* Assis Santana Duarte). Relator: Min. Sepúlveda Pertence (DJ n. 24, Seção 1, de 3.2.2005, p. 66).

3. *ACIDENTE DO TRABALHO. COMPETÊNCIA*[6]

É da Justiça Estadual comum a competência para apreciar matéria acerca de indenização decorrente de acidente do trabalho. Assim decidiu o Min. Celso de Mello, a 4.3.2005, ao exame do RE 371.866-5-MG, *verbis*:

> *"Compete à Justiça dos Estados-membros e do Distrito Federal, e não à Justiça do Trabalho, o julgamento das ações de indenização resultantes de acidente do trabalho, ainda que fundadas no direito comum e ajuizadas em face do empregador.*
>
> *Cumpre assinalar que tem sido tradicional, no sistema jurídico brasileiro, o reconhecimento, em sede constitucional (CF/46, art. 123, § 1º — CF/67, art. 134, § 2º — CF/69, art. 142, § 2º, e CF/88, art. 109, I, in fine), da competência da Justiça comum dos Estados-membros e do Distrito Federal para o processo e julgamento das causas de índole acidentária. Daí a orientação sumular firmada pelo Supremo Tribunal Federal, que, na matéria em questão, deixou registrada a seguinte diretriz: 'Compete à Justiça ordinária estadual o processo e o julgamento, em ambas as instâncias, das causas de acidente do trabalho, ainda que promovidas contra a União, suas autarquias, empresas públicas ou sociedades de economia mista' (Súmula n. 501 — grifei).*
>
> *Os litígios relativos a acidentes do trabalho — expressão esta que designa, consoante acentua Pontes de Miranda ('Comentários à Constituição de 1967 com a Emenda n. 1 de 1969', tomo IV/275, 2ª ed., 1974, RT), 'quaisquer questões ou composições (...), ainda quando se incluam em regramento de contratos coletivos de trabalho' — não se expõem, por isso mesmo, à competência da Justiça do Trabalho.*
>
> *Esse entendimento — que se aplica às ações de indenização por acidente do trabalho, quer as ajuizadas contra o INSS, quer as promovidas contra o empregador (ainda que fundadas*

---

[6] V., nesta coletânea, p. 7, p. 56, e v. 8, p. 39.

no direito comum) — vem sendo observado pela jurisprudência desta Corte, tanto em acórdãos emanados de seu Plenário e de suas Turmas quanto em decisões monocráticas proferidas por seus eminentes Juízes (AI 218.380-AgR/SP, Rel. Min. Néri da Silveira — AI 344.192/MG, Rel. Min. Néri da Silveira — AI 524.411/MG, Rel. Min. Eros Grau — AI 526.410/SP, Rel. Min. Gilmar Mendes — AI 527.105/SP, Rel. Min. Cézar Peluso — RE 176.532/SC, Rel. p/ o acórdão Min. Nélson Jobim — RE 351.528/SP, Rel. Min. Moreira Alves — RE 388.304/SP, Rel. Min. Carlos Velloso, v.g.):

'Competência: Justiça comum: ação de indenização fundada em acidente de trabalho, ainda quando movida contra o empregador.

1. É da jurisprudência do STF que, em geral, compete à Justiça do Trabalho conhecer de ação indenizatória por danos decorrentes da relação de emprego, não importando deva a controvérsia ser dirimida à luz do direito comum e não do Direito do Trabalho.

2. Da regra geral são de excluir-se, porém, por força do art. 109, I, da Constituição, as ações fundadas em acidente de trabalho, sejam as movidas contra a autarquia seguradora, sejam as propostas contra o empregador.'

(RTJ 188/740, Rel. Min. Sepúlveda Pertence — grifei)

'RECURSO EXTRAORDINÁRIO. PROCESSO CIVIL. DEMANDA SOBRE ACIDENTE DE TRABALHO. COMPETÊNCIA. ART. 109, I DA CONSTITUIÇÃO.

1. Esta Suprema Corte tem assentado não importar, para a fixação da competência da Justiça do Trabalho, que o deslinde da controvérsia dependa de questões de direito civil, bastando que o pedido esteja lastreado na relação de emprego (CJ 6.959, rel. Min. Sepúlveda Pertence, RTJ 134/96).

2. Constatada, não obstante, a hipótese de acidente de trabalho, atrai-se a regra do art. 109, I da Carta Federal, que retira da Justiça Federal e passa para a Justiça dos Estados e do Distrito Federal a competência para o julgamento das ações sobre esse tema, independentemente de terem no pólo passivo o Instituto Nacional do Seguro Social — INSS ou o empregador. (...).'

(RE 345.486/SP, Rel. Min. Ellen Gracie — grifei).

Não foi por outra razão que o Supremo Tribunal Federal advertiu, no tema ora em análise, que não se revela suficiente, para reconhecer-se a competência da Justiça do Trabalho, que a controvérsia entre o trabalhador e o empregador se origine da relação de trabalho, impondo-se identificar, para efeito de incidência do art. 114 da Constituição, se se trata, ou não, de litígio decorrente de acidente de trabalho, pois, nesta específica hipótese, instaurar-se-á a competência da Justiça estadual:

'Na espécie, não obstante cuidar-se de dissídio entre trabalhador e empregador, decorrente da relação de trabalho — o que bastaria, conforme o art. 114 da Constituição, a firmar a competência da Justiça do Trabalho —, há um outro elemento a considerar: pleiteia-se não qualquer indenização por ato ilícito, mas indenização por acidente do trabalho, caracterizado por doença permanente adquirida em decorrência dessa relação de trabalho (...), o que, por si só, afasta a incidência do art. 114, atraindo a competência da Justiça comum, por força do disposto no art. 109, I, da Constituição.'

(RE 403.832/MG, Rel. Min. Sepúlveda Pertence — grifei).

O exame da presente causa evidencia que o acórdão ora questionado diverge, frontalmente, da orientação jurisprudencial firmada por esta Suprema Corte na análise da matéria em referência.

Sendo assim, em face das razões expostas, e considerando, ainda, recentíssima decisão que proferi na matéria ora em exame (RE 444.302/MG, Rel. Min. Celso de Mello), conheço e dou provimento a este recurso extraordinário (CPC, art. 557, § 1º-A), para fixar a competência da Justiça comum do Estado-membro para o julgamento da presente causa.

Publique-se."[7]

---

[7] RE 371.866-5-MG, de 4.3.2005 (Mineração Morro Velho Ltda *vs.* Idemar Marcolino de Almeida). Relator: Min. Celso de Mello (DJ n. 55, Seção 1, de 22.3.2005, p. 77). No mesmo sentido: AI 526.789-2-SP, de 16.12.2004 (METAVALC — Metalização e Alto Vácuo Ltda. *vs.* Ariosvaldo Pereira dos Santos). Relator: Min. Celso de Mello). DJ n. 27, Seção 1, de 10.2.2005, p. 51); RE 438.629-1-MG, de 17.12.2004 (Mineração Morro Velho *vs.* Adão José de Almeida e outro (a/s). Relator: Min. Celso de Mello. (DJ n. 26, Seção 1, de 6.2.2005, p. 96); RE 438.637-2-MG, de 17.12.2004 (Mineração Morro Velho *vs.* Anibal Franca Souza e outro (a/s). Relator: Min. Celso de Mello. (DJ n. 26, Seção 1, de 6.2.2005, p. 96); RE 438.620-8-MG, de 16.12.2004 (Fiat Automóveis S/A *vs.* Wilson Pires Barbosa). Relator: Min. Sepúlveda Pertence. (DJ n. 30, Seção 1, de 15.2.2005, p. 55); RE 401.315-1-MG, de 13.12.2004 (Mineração Moro Velho Ltda. *vs.* Ronaldo dos Reis Souza Rosa). Relator: Min. Ellen Gracie. (DJ n. 27, Seção 1, de 10.2.2005, p. 68).

4. *AVULSO.*[8] *COMPETÊNCIA*

Apesar do disposto no art. 114, IX, da Constituição, introduzido pela Emenda Constitucional n. 45/2004, o STF entende ser competência da Justiça Comum dirimir controvérsia entre trabalhador avulso e o respectivo sindicato, Nesse sentido decidiu, a 20.4.2005, o Min. Cezar Peluso, no RE 419.327-2-PR, *verbis*:

"1. Trata-se de recurso extraordinário contra acórdão do Tribunal de Justiça de São Paulo e assim ementado:

'COMPETÊNCIA — CONTROVÉRSIA ENTRE SINDICATO E TRABALHADOR AVULSO, ENVOLVENDO RELAÇÃO DE TRABALHO QUANTO AO MODO DE SUA PRESTAÇÃO E AO GANHO — INCOMPETÊNCIA DA JUSTIÇA COMUM, COM REMESSA À JUSTIÇA DO TRABALHO — ARTIGOS 114 E 7º, XXXIV DA CONSTITUIÇÃO FEDERAL' (fl. 282).

Sustenta o recorrente, com fundamento no art. 102, III, a, ter havido violação aos arts. 7º, XXXIV, e 114 da Constituição Federal.

2. Consistente o recurso.

Narra a inicial, cujos termos são decisivos para determinação da competência, e sobre isso não há controvérsia, que o autor, como trabalhador avulso portuário, pretende, sem prejuízo da indenização pedida, anular deliberação de assembléia geral extraordinária do seu sindicato que o afastou das atividades de 'conferente chefe credenciado/preferenciado', o que lhe teria causado danos financeiros e tolhido o exercício do trabalho.

É, pois, fora de dúvida que se trata de conflito entre trabalhador avulso sindicalizado e o seu sindicato, enquanto gestor de mão-de-obra, ao qual compete distribuir trabalho segundo as deliberações dos associados, mediante designação para o desempenho de funções de carga e descarga. E tampouco há nisso alguma controvérsia.

[8] V., sobre avulso, nesta coletânea, v. 2, p. 36.

O de que se trata, portanto, é de lide acerca do alcance do estatuto do sindicato, com o qual o autor não mantém nenhuma relação de ordem trabalhista, mas sindical. Daí, não cair a hipótese em nenhuma das regras constitucionais que governam a competência da Justiça do Trabalho, nem sequer naquela de caráter geral, que, aludindo a 'outras controvérsias decorrentes da relação de trabalho, na forma da lei' (art. 114, IX, com a redação da EC n. 45/2004, que, no ponto, repete o que preceituava o caput do art. 114), porque não há — nem se disse que haveria — lei que submeta tal modalidade de causa à competência da Justiça especializada.

Esta Corte, aliás, posto que sob outra ordem constitucional, mas perante normas que também exigiam edição de lei própria para esse fim, sempre reconheceu que tocavam à Justiça Estadual as causas que, como esta, se travavam entre trabalhador avulso e o sindicato (cf. CJ n. 6.286, Rel. Min., Leitão de Abreu, DJ de 12.6.81; CJ n. 6.029, Rel. Min. Moreira Alves, DJ 9.8.77, RTJ 84/78; RE n. 88.287, Rel. Min. Cunha Peixoto, DJ de 30.5.80).

3. Do exposto, com apoio no art. 557, § 1º-A, do CPC, dou provimento ao recurso extraordinário, para, cassando o acórdão impugnado, reconhecer a competência da Justiça Estadual, que deverá julgar, como entenda, a apelação.

Publique-se. Int."[9]

---

[9] RE 419.327-2-PR, de 20.4.2005 (José Antonio Pinho *vs.* Sindicato dos Conferentes de Carga e Descarga nos Portos do Estado do Paraná). Relator: Min. Cezar Peluso. (DJ n. 88, Seção 1, de 10.5.2005, p. 92).

5. *CELERIDADE PROCESSUAL*[10]. *EMENDA N. 45/2004*

A Emenda Constitucional n. 45/2004 introduziu o inciso LXXVIII do art. 5º, da Constituição, recomendando celeridade no andamento dos processos perante a Justiça brasileira. Interposto o MI 615-2-DF no STF, o relator, Min. Celso de Mello, em decisão de 25.2.2005, entendeu haver prematuridade no ajuizamento do mandado injuncional, não vendo caracterizada a inércia do legislador infraconstitucional, mesmo porque diversos projetos de lei foram encaminhados ao Congresso Nacional a esse fim. Eis o *decisum*:

> *"MANDADO DE INJUNÇÃO — ALEGAÇÃO (INCONSISTENTE) DE INÉRCIA DA UNIÃO FEDERAL NA REGULAÇÃO NORMATIVA DO DIREITO À CELERIDADE NO JULGAMENTO DOS PROCESSOS, SEM INDEVIDAS DILAÇÕES (CF, ART. 5º, INCISO LXXVIII) — EMENDA CONSTITUCIONAL N. 45/2004 — PRESSUPOSTOS CONSTITUCIONAIS DO MANDADO DE INJUNÇÃO (RTJ 131/963 — RTJ 186/20-21) — DIREITO SUBJETIVO À LEGISLAÇÃO/DEVER ESTATAL DE LEGISLAR (RTJ 183/818-819) — NECESSIDADE DE OCORRÊNCIA DE MORA LEGISLATIVA (RTJ 180/442) — CRITÉRIO DE CONFIGURAÇÃO DO ESTADO DE INÉRCIA LEGIFERANTE: SUPERAÇÃO EXCESSIVA DE PRAZO RAZOÁVEL (RTJ 158/375) — SITUAÇÃO INOCORRENTE NO CASO EM EXAME — AUSÊNCIA DE INERTIA AGENDI VEL DELIBERANDI DO CONGRESSO NACIONAL — 'PACTO DE ESTADO EM FAVOR DE UM PODER JUDICIÁRIO MAIS RÁPIDO E REPUBLICANO' — O DIREITO INDIVIDUAL DO CIDADÃO AO JULGAMENTO DOS LITÍGIOS SEM DEMORA EXCESSIVA OU DILAÇÕES INDEVIDAS: UMA PRERROGATIVA QUE DEVE SER PRESERVADA (RTJ 187/933-934) — DOUTRINA — PROJETOS DE LEI JÁ REMETIDOS AO CONGRESSO NACIONAL, OBJETIVANDO A ADOÇÃO DOS MEIOS NECESSÁRIOS À IMPLE-*

[10] V., sobre celeridade processual, o meu *Globalização do trabalho...* cit., pp. 146-50.

MENTAÇÃO DO INCISO LXXVIII DO ART. 5º DA CONSTITUIÇÃO (EC N. 45/2004) — CONSEQÜENTE INVIABILIDADE DO PRESENTE MANDADO DE INJUNÇÃO.

Trata-se de mandado de injunção impetrado em face de alegada '(...) ausência de norma regulamentadora de competência privativa da União Federal (art. 22, inciso I, CF)', que — segundo sustenta a parte impetrante — 'vem tornando inviável o exercício dos direitos e liberdades constitucionais' (fls. 03).

Postula-se, na presente sede processual, 'a total concessão da ordem de injunção, para 'viabilizar' e 'operacionalizar' normas infraconstitucionais necessárias à 'razoável duração do processo' e aos 'meios' que garantam a celeridade de sua tramitação (inciso LXXVIII, art. 5º, da Constituição Federal, EC n. 45), sugerindo, com a devida vênia, às impetradas, neste ponto específico da questão, que elaborem projeto de lei para ampliar o Código de Processo Civil, no concernente às disposições da sentença parcial de mérito ou resolução definitiva-fracionada da causa, ambas com autoridade de 'coisa julgada dita reservada' (...)' (fls. 13 — grifei).

O exame dos elementos referidos pela parte ora impetrante impõe que se analise, preliminarmente, a questão pertinente à admissibilidade, no caso, do presente mandado de injunção.

Como se sabe, o writ injuncional tem por função processual específica viabilizar o exercício de direitos, liberdades e prerrogativas diretamente outorgados pela própria Constituição da República, em ordem a impedir que a inércia do legislador comum frustre a eficácia de situações subjetivas de vantagem reconhecidas pelo texto constitucional (RTJ 131/963 — RTJ 186/20-21).

Impende enfatizar, neste ponto, que as omissões inconstitucionais do Poder Legislativo não podem ser toleradas, eis que o desprestígio da Constituição — resultante da inércia de órgãos meramente constituídos — representa um dos mais tormentosos aspectos do processo de desvalorização funcional da Lei Fundamental da República, ao mesmo tempo em que estimula, gravemente, a erosão da consciência constitucional, evidenciando, desse modo, o inaceitável desprezo dos direitos básicos e das liberdades públicas pelos Poderes do Estado.

Essa repulsa à inércia governamental, no adimplemento de imposições legiferantes estabelecidas no texto constitucional, tem sido posta em destaque pelo magistério da doutrina (Anna Cândida da Cunha Ferraz, 'Processos Informais de

Mudança da Constituição', p. 217/218, 1986, Max Limonad), eis que — como bem adverte o eminente Professor José Afonso da Silva ('Aplicabilidade das Normas Constitucionais', p. 226, item I, n. 4, 6ª ed., 2002, Malheiros) —, não basta 'ter uma Constituição promulgada e formalmente vigente; impende atuá-la, completando-lhe a eficácia para que seja totalmente cumprida' (grifei).

Presente esse contexto, cumpre reconhecer que o mandado de injunção — considerada a sua específica destinação constitucional (RTJ 186/20-21) — busca neutralizar as conseqüências lesivas decorrentes da ausência de regulamentação normativa de preceitos inscritos na Carta Política e que, revestidos de eficácia limitada, dependem da intervenção concretizadora do legislador, para permitir o exercício efetivo de determinados direitos diretamente fundados no próprio texto constitucional.

Vê-se, desse modo, que o mandado de injunção traduz significativa reação jurídico-institucional do vigente ordenamento político, que o estruturou como instrumento destinado a impedir o desprestígio da própria Carta da República, o que justifica a correta observação de José Afonso da Silva ('Curso de Direito Constitucional Positivo', p. 448, item n. 32, 24ª ed., 2005, Malheiros), no sentido de que a principal finalidade do mandado de injunção 'consiste (...) em conferir imediata aplicabilidade à norma constitucional portadora daqueles direitos e prerrogativas, inerte em virtude de ausência de regulamentação' (grifei).

Cabe assinalar, no entanto, que o direito à legislação só pode ser invocado pelo interessado, quando também existir — simultaneamente imposta pelo próprio texto constitucional — a previsão do dever estatal de emanar normas legais (RTJ 183/818-819). Isso significa que o direito individual à atividade legislativa do Estado apenas se evidenciará naquelas estritas hipóteses em que o desempenho da função de legislar refletir, por efeito de exclusiva determinação constitucional, uma obrigação jurídica indeclinável imposta ao Poder Público.

Para que possa atuar a norma pertinente ao instituto do mandado de injunção, revela-se essencial que se estabeleça a necessária correlação entre a imposição constitucional de legislar, de um lado, e o conseqüente reconhecimento do direito público subjetivo à legislação, de outro, de tal forma que, ausente a obrigação jurídico-constitucional de emanar provimentos legislativos, não se tornará possível imputar comportamento moroso ao Estado, nem pretender acesso legítimo à via injuncional.

De qualquer maneira, no entanto, não basta que apenas exista essa necessária correlação, pois é também inafastável — presente determinado contexto de tempo — que se positive situação de omissão abusiva no adimplemento da prestação legislativa.

O retardamento abusivo na regulamentação legislativa do texto constitucional qualifica-se, portanto, como requisito condicionante do ajuizamento da ação de mandado de injunção, pois, sem que se configure o estado de mora legislativa — caracterizado pela superação excessiva de prazo razoável —, não há como reconhecer-se ocorrente o próprio interesse de agir em sede injuncional.

É por essa razão que o Plenário do Supremo Tribunal Federal, ao julgar o MI 361/RJ, Rel. p/ o acórdão Min. Sepúlveda Pertence (RTJ 158/375), enfatizou esse específico aspecto da questão, em decisão que restou consubstanciada, no ponto, em acórdão assim ementado:

'Mora legislativa: exigência e caracterização: critério de razoabilidade. A mora — que é pressuposto da declaração de inconstitucionalidade da omissão legislativa —, é de ser reconhecida, em cada caso, quando, dado o tempo corrido da promulgação da norma constitucional invocada e o relevo da matéria, se deva considerar superado o prazo razoável para a edição do ato legislativo necessário à efetividade da Lei Fundamental; vencido o tempo razoável, nem a inexistência de prazo constitucional para o adimplemento do dever de legislar, nem a pendência de projetos de lei tendentes a cumpri-lo podem descaracterizar a evidência da inconstitucionalidade da persistente omissão de legislar." (grifei)

Cabe destacar, neste ponto, que a parte ora impetrante, valendo-se do presente mandado de injunção, 'busca suprir a falta de norma regulamentadora infraconstitucional (direito processual) necessária à operatividade de comando constitucional inserido pela Emenda Constitucional n. 45 (inciso LXXVIII, art. 5º, da Constituição Federal)' (fls. 03 — grifei).

Não vejo, contudo, como reconhecer ocorrente, no caso ora em análise, situação de mora legislativa — que constitui pressuposto necessário ao adequado exercício do mandado de injunção (RTJ 180/442) —, por ainda não se mostrar possível o reconhecimento, no caso, da superação abusiva de prazo razoável, pelo Congresso Nacional, para a regulamentação legislativa da EC n. 45/2004, no ponto em que esta, expressa-

mente invocada pelo autor deste writ, *proclamou o direito de todos ao julgamento, sem dilações indevidas, dos processos judiciais e administrativos, prevendo, para esse efeito, a instituição dos meios destinados a garantir a celeridade da tramitação dos processos em geral (CF, art. 5º, LXXVIII).*

Como precedentemente referido, revela-se prematuro o ajuizamento da presente ação injuncional, eis que sequer caracterizada, no caso em exame, a hipótese de abusivo retardamento na efetivação da prestação legislativa ora reclamada, considerado, para esse efeito, o critério de aferição da inércia legiferante consagrado pela jurisprudência constitucional desta Suprema Corte (RTJ 158/375, Rel. p/ o acórdão Min. Sepúlveda Pertence).

A evidente ausência de mora legislativa decorre, na espécie, do fato de que a norma inscrita no referido inciso LXXVIII do art. 5º da Carta Política tornou-se vinculante para o Estado somente a partir de 31 de dezembro de 2004, data em que publicada a EC n. 45/2004 (art. 10), sendo certo, ainda, que o Congresso Nacional apenas iniciou os trabalhos legislativos em 15 de fevereiro de 2005 (CF, art. 57, caput*).*

O mero cotejo entre as datas mencionadas basta para evidenciar que não se tem como imputar, ao Congresso Nacional, a situação anômala de inertia deliberandi*, sobretudo se se considerar que este mandado de injunção foi impetrado durante o período de recesso constitucional do Poder Legislativo da União.*

Ora, torna-se evidente que não há como atribuir, ao Congresso Nacional, a omissão apontada pelo ora impetrante, pois, quando iniciada a vigência da EC n. 45/2004 (o que só ocorreu em 31.12.2004), a Câmara dos Deputados e o Senado Federal ainda se achavam, como já referido, em período de recesso, por efeito de expressa determinação constitucional (CF, art. 57, caput*).*

De todo modo, no entanto, e apesar do exíguo intervalo de tempo decorrido desde a promulgação da EC n. 45/2004, cumpre ressaltar, por necessário, que houve a celebração do denominado 'Pacto de Estado em favor de um Judiciário mais rápido e Republicano', formalizado pelos Chefes dos Poderes da República.

Imbuídos desse espírito, os Senhores Presidentes da República, da Câmara dos Deputados, do Senado Federal e do Supremo Tribunal Federal, por considerarem que 'a morosidade dos processos judiciais e a baixa eficiência de suas decisões retardam o desenvolvimento nacional, desestimulam investimentos, propiciam a inadimplência, geram impunidade e solapam a crença dos cidadãos no regime democrático', propuseram, dentre outras medidas, (1) a implementação da Reforma Constitucional do Judiciário (EC n. 45/2004), (2) a reforma do sistema recursal e dos procedimentos, por meio de apresentação dos concernentes projetos de lei, apoiados em propostas formuladas por juristas, magistrados e entidades da sociedade civil, (3) a constituição de uma Comissão para apresentar metas claras para a progressiva ampliação da Defensoria Pública da União, (4) a coordenação, pelo Ministério da Previdência Social, de um diálogo com os juízes, para que os procedimentos observados na concessão de benefícios previdenciários e assistenciais sejam aperfeiçoados, melhorando o atendimento aos cidadãos e desonerando a máquina judicial, (5) a viabilização de soluções relativamente às execuções fiscais, com base em proposta já formalizada pelo Conselho da Justiça Federal, (6) a realização de debates e audiências de conciliação visando à construção de modelos institucionais e à adoção de providências que resultem na superação do problema dos precatórios vencidos, (7) a implementação de um banco de dados no qual serão identificados todos os casos de graves violações contra os direitos humanos, a partir da plena integração do Brasil nos Sistemas Internacionais de Proteção aos Direitos Humanos, (8) a inclusão, na agenda parlamentar, de projetos de lei que visem a regular e incentivar os procedimentos eletrônicos no âmbito judicial, (9) o funcionamento do Banco Nacional de Dados sobre o Poder Judiciário e a implementação, sob a coordenação do Supremo Tribunal Federal, do Centro Nacional de Estudos e Pesquisas Judiciais, (10) a realização de um esforço de coerência entre a atuação administrativa e as orientações jurisprudenciais já pacificadas, com a edição de súmulas administrativas e, finalmente, (11) o incentivo à aplicação de penas alternativas.

Torna-se necessário reconhecer, ainda, que, em razão do mencionado 'Pacto de Estado', foram encaminhadas, ao Congresso Nacional, pelo Senhor Presidente da República, as seguintes proposições legislativas, todas elas visando a tornar real e efetiva a desejada celeridade na tramitação dos processos:

(a) o PL n. 4.723/04 (que dispõe sobre a uniformização de jurisprudência no âmbito dos Juizados Especiais Cíveis e Criminais);

(b) o PL n. 4.724/04 (que altera artigos do Código de Processo Civil, relativamente à forma de interposição de recursos);

(c) o PL n. 4.725/04 (que altera dispositivos da Lei n. 5.869/73, possibilitando a realização do inventário, partilha, separação consensual e divórcio consensual por via administrativa);

(d) o PL n. 4.726/04 (que altera artigos do Código de Processo Civil concernentes à incompetência relativa, meios eletrônicos, prescrição, distribuição por dependência, exceção de incompetência, revelia, carta precatória e rogatória, ação rescisória e vista dos autos);

(e) o PL n. 4.727/04 (que dá nova redação a artigos do Código de Processo Civil, relativos ao agravo de instrumento e ao agravo retido);

(f) o PL n. 4.728/04 (que dispõe sobre a racionalização do julgamento de processos repetitivos);

(g) o PL n. 4.729/04 (relativo ao julgamento de agravos); e

(h) os Projetos de Lei ns. 4.730/04, 4.731/04, 4.732/04, 4.733/04, 4.734/04 e 4.735/04, que introduzem modificações na CLT, em ordem a conferir celeridade à tramitação dos processos trabalhistas.

Vê-se, portanto, que não se apresenta configurada qualquer situação de omissão abusiva ou de superação excessiva de tempo razoável, por parte do Congresso Nacional, no que concerne à adoção de medidas destinadas a viabilizar, instrumentalmente, a plena incidência do inciso LXXVIII do art. 5º da Constituição da República.

Cumpre registrar, finalmente, que já existem, em nosso sistema de direito positivo, ainda que de forma difusa, diversos mecanismos legais destinados a acelerar a prestação jurisdicional (CPC, art. 133, II e art. 198; LOMAN, art. 35, incisos II, III e VI, art. 39, art. 44 e art. 49, II, v.g.), de modo a neutralizar, por parte de magistrados e Tribunais, retardamentos abusivos ou dilações indevidas na resolução dos litígios.

Não custa destacar, neste ponto, considerada a perspectiva ora em análise, a indiscutível importância que assume o reconhecimento, em favor dos cidadãos, do direito de ver julgados, em prazo razoável, sem demora excessiva ou dilações indevidas, os litígios submetidos à apreciação do Poder Judiciário, tal como o preconiza o magistério da doutrina (José Rogério Cruz e Tucci, 'Tempo e Processo: Uma análise empírica das repercussões do tempo na fenomenologia processual —

civil e penal', p. 87/88, item n. 3.5, 1998, RT; Luiz Flávio Gomes, 'O Sistema Interamericano de Proteção dos Direitos Humanos e o Direito Brasileiro', p. 242/245, 2000, RT, v.g.), com inteiro apoio da jurisprudência que o Supremo Tribunal Federal firmou na matéria em causa: 'O JULGAMENTO SEM DILAÇÕES INDEVIDAS CONSTITUI PROJEÇÃO DO PRINCÍPIO DO DEVIDO PROCESSO LEGAL.

— O direito ao julgamento, sem dilações indevidas, qualifica-se como prerrogativa fundamental que decorre da garantia constitucional do due process of law.

O réu (...) tem o direito público subjetivo de ser julgado, pelo Poder Público, dentro de prazo razoável, sem demora excessiva nem dilações indevidas. Convenção Americana sobre Direitos Humanos (Art. 7º, ns. 5 e 6). Doutrina. Jurisprudência.

— O excesso de prazo, quando exclusivamente imputável ao aparelho judiciário (...), traduz situação anômala que compromete a efetividade do processo, pois, além de tornar evidente o desprezo estatal pela liberdade do cidadão, frustra um direito básico que assiste a qualquer pessoa: o direito à resolução do litígio, sem dilações indevidas e com todas as garantias reconhecidas pelo ordenamento constitucional.'

(RTJ 187/933-934, Rel. Min. Celso de Mello)

Sendo assim, tendo em consideração as razões expostas, não conheço da presente ação de mandado de injunção, por não se achar (ainda) caracterizado o estado de mora legislativa do Congresso Nacional.

Arquivem-se os presentes autos.

Publique-se."[11]

[11] MI 615-2-DF, de 25.2.2005 (João Bosco Maciel Júnior *vs.* Congresso Nacional, Câmara dos Deputados, Senado Federal e União). Relator: Min. Celso de Mello. (DJ n. 43, Seção 1, de 4.3.2005, pp. 40-1).

6. *DANO MORAL.*[12] *COMPETÊNCIA*

A. JUSTA CAUSA

Despacho da Min. Ellen Gracie considerou ser da competência da Justiça do Trabalho apreciar ação que vise a buscar indenização por dano moral em razão de dispensa por justa causa não provada. Assim foi decidido no RE 256.707-8-RJ, a 11.2.2005, *verbis*:

> *"1. Discute-se, no presente recurso extraordinário, se compete à Justiça comum estadual ou à Justiça do Trabalho o julgamento de ação de indenização por danos morais movida por empregado, em razão de demissão por justa causa, contra seu patrão.*
>
> *2. Esta Suprema Corte tem assentado não importar, para a fixação da competência da Justiça do Trabalho, que o deslinde da controvérsia dependa de questões de direito civil, bastando que o pedido esteja lastreado na relação do emprego. Nesse sentido o CJ 6.959, rel. Min. Sepúlveda Pertence, DJ 22.2.91 e, entre outros, os precedentes de ambas as Turmas desta Corte (RE 421455, rel. Min. Carlos Velloso e RE 238737, rel. Min. Sepúlveda Pertence).*
>
> *3. Dou provimento, nos termos do art. 557, § 1º-A, do CPC, ao recurso extraordinário, para declarar a Justiça do Trabalho competente para apreciar e julgar a lide.*
>
> *Publique-se."*[13]

B. ACIDENTE DO TRABALHO.[14] JUSTIÇA DO TRABALHO

O STF, depois de judiciosas discussões, entendeu que é a Justiça do Trabalho a competente para apreciar ação de indenização

---

[12] V., sobre dano moral, nesta coletânea, v. 2, p. 44, v. 3, p. 20, v. 4, p. 33, e v. 7, p. 57.

[13] RE 256.707-8-RJ, de 11.2.2005 (Chocolate Comércio de Roupas Ltda. *vs.* Alexandre Gama Baldez). Relator: Min. Ellen Gracie. (DJ n. 42, Seção 1, de 3.3.2005, p. 85).

[14] V. nesta coletânea, v. 7, p. 57.

por dano moral decorrente de acidente do trabalho, a partir da promulgação da Emenda Constitucional n. 45/2004. Assim decidiu o Pleno do STF, julgando o CC 7.204-1-MG, da relatoria do Min. Carlos Ayres Britto. A ementa do aresto é a seguinte:

> *"CONSTITUCIONAL — COMPETÊNCIA JUDICANTE EM RAZÃO DA MATÉRIA — AÇÃO DE INDENIZAÇÃO POR DANOS MORAIS E PATRIMONIAIS DECORRENTES DE ACIDENTE DO TRABALHO, PROPOSTA PELO EMPREGADO EM FACE DE SEU (EX-)EMPREGADOR — COMPETÊNCIA DA JUSTIÇA DO TRABALHO — ART. 114 DA MAGNA CARTA — REDAÇÃO ANTERIOR E POSTERIOR À EMENDA CONSTITUCIONAL N. 45/04 — EVOLUÇÃO DA JURISPRUDÊNCIA DO SUPREMO TRIBUNAL FEDERAL — PROCESSOS EM CURSO NA JUSTIÇA COMUM DOS ESTADOS — IMPERATIVO DE POLÍTICA JUDICIÁRIA."*[15]

A decisão ministerial tem o seguinte teor:

> *"1. Numa primeira interpretação do inciso I do art. 109 da Carta de Outubro, o Supremo Tribunal Federal entendeu que as ações de indenização por danos morais e patrimoniais decorrentes de acidente do trabalho, ainda que movidas pelo empregado contra seu (ex-)empregador, eram da competência da Justiça comum dos Estados-Membros.*
>
> *2. Revisando a matéria, porém, o Plenário concluiu que a Lei Republicana de 1988 conferiu tal competência à Justiça do Trabalho. Seja porque o art. 114, já em sua redação originária, assim deixava transparecer, seja porque aquela primeira interpretação do mencionado inciso I do art. 109 estava, em boa verdade, influenciada pela jurisprudência que se firmou na Corte sob a égide das Constituições anteriores.*
>
> *3. Nada obstante, como imperativo de política judiciária — haja vista o significativo número de ações que já tramitaram e ainda tramitam nas instâncias ordinárias, bem como o relevante interesse social em causa —, o Plenário decidiu, por maioria, que o marco temporal da competência da Justiça trabalhista é o advento da EC n. 45/04. Emenda que explicitou a competência da Justiça Laboral na matéria em apreço.*

---

[15] CC 7.204-1-MG, de 29.6.2005 (Tribunal Superior do Trabalho *vs.* Tribunal de Alçada do Estado de Minas Gerais. Interessados: Vicente Giacomini Peron e Banco BEMGE S/A). Relator: Min. Carlos Britto (DJ n. 236, Seção 1, de 9.12.2005, p. 5).

4. A nova orientação alcança os processos em trâmite pela Justiça comum estadual, desde que pendentes de julgamento de mérito. É dizer: as ações que tramitam perante a Justiça comum dos Estados, com sentença de mérito anterior à promulgação da EC n. 45/04, lá continuam até o trânsito em julgado e correspondente execução. Quanto àquelas cujo mérito ainda não foi apreciado, hão de ser remetidas à Justiça do Trabalho, no estado em que se encontram, com total aproveitamento dos atos praticados até então. A medida se impõe, em razão das características que distinguem a Justiça comum estadual e a Justiça do Trabalho, cujos sistemas recursais, órgãos e instâncias não guardam exata correlação.

5. O Supremo Tribunal Federal, guardião-mor da Constituição Republicana, pode e deve, em prol da segurança jurídica, atribuir eficácia prospectiva às suas decisões, com a delimitação precisa dos respectivos efeitos, toda vez que proceder a revisões de jurisprudência definidora de competência ex ratione materiae. O escopo é preservar os jurisdicionados de alterações jurisprudenciais que ocorram sem mudança formal do Magno Texto.

6. Aplicação do precedente consubstanciado no julgamento do Inquérito 687, Sessão Plenária de 25.8.99, ocasião em que foi cancelada a Súmula n. 394 do STF, por incompatível com a Constituição de 1988, ressalvadas as decisões proferidas na vigência do verbete.

7. Conflito de competência que se resolve, no caso, com o retorno dos autos ao Tribunal Superior do Trabalho."[16]

C. ACIDENTE DO TRABALHO.[17] JUSTIÇA ESTADUAL

Anteriormente ao julgado acima, o STF, em um primeiro momento, entendeu ser da Justiça Estadual a competência para apreciar ação de indenização por dano moral decorrente de acidente do trabalho, a partir da promulgação da Emenda Constitucional n. 45/2004. Foi assim que decidiu a 1ª Turma, no RE 394.943-8-SP, a 1.2.2005, relatado pelo Min. Eros Grau, *verbis:*

"RECURSO EXTRAORDINÁRIO — CONSTITUCIONAL — PROCESSUAL — DANO MORAL E MATERIAL DECORRENTE DE ACIDENTE DE TRABALHO — COMPETÊNCIA.

---

[16] DJ n. 236, Seção 1, de 9.12.2005, p. 5.

[17] V., nesta coletânea, v. 7, p. 57

1. É competente a Justiça Comum estadual para o julgamento das causas relativas à indenização por acidente de trabalho, bem assim para as hipóteses de dano material e moral que tenham como origem esse fato jurídico, tendo em vista o disposto no artigo 109, I, da Constituição do Brasil.

2. A nova redação dada ao artigo 114 pela EC n. 45/2004 não teve a virtude de deslocar para a Justiça do Trabalho a competência para o exame da matéria, pois expressamente refere-se o dispositivo constitucional a dano moral ou patrimonial decorrentes de relação de trabalho.

Recurso extraordinário conhecido, mas não provido, mantida a competência da Justiça Comum para o exame da lide."[18]

De outro lado, ao cuidar de doença do trabalho, o STF adotou similar posição, em decisão do Min. Cezar Peluso, no RE 444.361-9-MG, de 21.2.2005, que está a seguir:

"1. Trata-se de recurso extraordinário contra acórdão do Tribunal de Alçada de Minas Gerais que deu pela competência da Justiça do Trabalho para processar e julgar ação de indenização por danos morais e materiais decorrentes de doença do trabalho.

Alega o recorrente, com base no art. 102, III, a, violação ao disposto nos artigos 109, I, e 114, da Constituição Federal.

2. Consistente o recurso.

A causa de que se cuida é ação de reparação por danos morais e materiais oriundos de doença do trabalho, ou, em sentido lato, de acidente do trabalho.

No tema de competência, cumpre distinguir. De um lado, é já velha e aturada a orientação da Corte no sentido de que compete à Justiça do Trabalho, como princípio ou regra geral, processar e julgar ação de indenização de danos, morais e materiais, decorrentes de relação de trabalho, pouco se dando, para esse fim, deva a controvérsia ser dirimida à luz do Direito Civil ou doutra província normativa (cf. CJ n. 6.959, Red. p/ o acórdão Min. Sepúlveda Pertence, RTJ 134/96; RE n. 238.737, Rel. Min. Sepúlveda Pertence, DJU de 5.2.1999, e decisão monocrática no RE n. 409.699, Rel. Min. Carlos Velloso).

---

[18] RE 394.943-8-SP, de 1.2.2005 (Weg Indústria Ltda. (atual denominação de Motores Elétricos Brasil S/A) *vs.* Elói Lino dos Santos). Relator para acórdão: Min. Eros Grau (DJ n. 91, Seção 1, de 13.5.2005, p. 19). No mesmo sentido: RE 438.639-9-MG, e 9.3.2005 (Mineração Morro Velho Ltda. *vs.* Adão Carvalho dos Santos e outro (a/s). Relator para acórdão: Min. Cezar Peluso (DJ n. 54, Seção 1, de 21.3.2005, p. 42).

De outro, porém, excetua-se tal competência, quando o fato ou fatos causadores dos danos materiais e morais configurem também acidente ou doença do trabalho, caso em que a competência, assim para a ação de indenização por ato ilícito absoluto, como a de indenização especificamente acidentária, é da Justiça Comum, a que a Constituição atribui competência para as ações de acidente e doença do trabalho, qualquer que seja a qualidade da parte passiva legítima para a causa, nos termos da Súmula n. 501, que se apóia hoje no art. 109, I, da Constituição (cf. RE n. 403.832, Rel. Min. Sepúlveda Pertence, DJ de 12.3.2004; RE n. 345.486, Rel. Min. Ellen Gracie, DJ de 24.10.2003; RE n. 394.943, Rel. p/ac. Min. Eros Grau, j. 1º.2.2005).

E, como sustentei num desses precedentes (RE n. 403.832), creio haver um segundo fundamento para tal interpretação da Casa a respeito do caput do art. 114, e que é a unidade de convicção, razão última de todas as causas de fixação e prorrogação de competência, de reunião de processos para desenvolvimento e julgamento conjuntos ou pelo mesmo juízo.

É que, na segunda hipótese, em que se excepciona a competência da Justiça do Trabalho, as causas se fundam num mesmo fato ou fatos considerados do ponto de vista histórico, como suporte de qualificações normativas diversas e pretensões distintas. Mas o reconhecimento dessas qualificações jurídicas, ainda que classificadas em ramos normativos diferentes, deve ser dado por um mesmo órgão jurisdicional. Isto é, aquele que julga o fato ou fatos qualificados como acidente ou doença do trabalho deve ter competência para, apreciando-os, qualificá-los, ou não, ainda como ilícito aquiliano típico, porque não haja risco de estimas contraditórias do mesmo fato. E é exatamente esse o motivo pelo qual não interessa, na interpretação do caput do art. 114, qual a taxinomia da norma jurídica aplicável ao fato ou fatos. Importa, sim, tratar-se de fato ou fatos que caracterizem acidente do trabalho. Ora, a cognição desse mesmo fato ou fatos, quer exija, num caso, aplicação de norma trabalhista, quer exija, noutro, aplicação de norma de Direito Civil, deve ser exclusiva da Justiça Comum, competente para ambos.

O caso em nada se entende com a Súmula n. 736.

3. Do exposto, dou provimento ao recurso, para declarar a competência da Justiça Comum.

Publique-se. Int."[19]

---

[19] RE 444.361-9-MG, de 21.2.2005 (Fiat Automóveis S/A *vs.* Ronaldo Gomes da Silva). Relator: Min. Cezar Peluso (DJ n. 54, Seção 1, de 21.3.2005, p. 121).

7. HABEAS CORPUS. *EMENDA N. 45/2004. COMPETÊNCIA*[20]

Anteriormente à promulgação da Emenda Constitucional n. 45/2004, era da Justiça Federal decidir acerca da prisão de depositário infiel. A 1ª Turma do STF, julgando o HC 85.096-1-MG, relatado pelo Min. Sepúlveda Pertence, a 28.6.2005, com a seguinte ementa:

> *"Habeas corpus contra decreto de prisão civil de Juiz do Trabalho: coação atribuída ao Tribunal Regional do Trabalho: coexistência de acórdãos diversos para o mesmo caso, emanados de tribunais de idêntica hierarquia (STJ e TST): validade do acórdão do STJ, no caso, dado que as impetrações foram julgadas antes da EC n. 45/04. Até a edição da EC n. 45/04, firme a jurisprudência do Tribunal em que, sendo o habeas corpus uma ação de natureza penal, a competência para o seu julgamento "será sempre de juízo criminal, ainda que a questão material subjacente seja de natureza civil, como no caso de infidelidade de depositário, em execução de sentença"; e, por isso, quando se imputa coação a Juiz do Trabalho de 1º Grau, compete ao Tribunal Regional Federal o seu julgamento, dado que a Justiça do Trabalho não possui competência criminal (v.g., CC 6.979, 15.8.91, Velloso, RTJ 111/794; HC 68.687, 2ª T., 20.8.91, Velloso, DJ 4.10.91)."*[21]

A informação desse julgamento é elucidativa. Ei-la:

> *"A Turma deferiu habeas corpus em favor de paciente que, nos autos de reclamação trabalhista, tivera contra ele determinada, por Juízo de Vara do Trabalho de comarca do Estado de Minas Gerais, a prisão civil, sob a acusação de infidelidade como depositário judicial. Na espécie, denegado habeas corpus impetrado ao TRT/MG, o paciente interpusera recurso ordiná-*

[20] V., nesta coletânea, v. 4, p. 77, e v. 6, p. 121.

[21] HC 85.096-1-MG, de 28.6.2005 (Maurício Campos Rosa (Impetrante: Maurício Campos Rosa e outro (a/s) *vs.* Presidente do Tribunal Superior do Trabalho). Relator: Min. Sepúlveda Pertence (DJ n.198, Seção 1, de 28.6.2005, pp. 11-2).

rio ao TST, que o desprovera, e impetrara, também, novo habeas corpus ao STJ, que concedera a ordem por não ter havido aceitação expressa do encargo de depositário judicial, sem a qual o decreto de prisão é ilegítimo. Considerando que os habeas corpus foram julgados antes da edição da EC n. 45/2004, entendeu-se aplicável, ao caso, a jurisprudência até então firmada pelo Supremo, no sentido de competir ao juízo criminal o julgamento de habeas corpus, em razão de sua natureza penal, ainda que a questão material subjacente seja de natureza civil, cabendo o julgamento ao Tribunal Regional Federal, quando a coação for imputada a Juiz do Trabalho de 1º Grau (EC n. 45/2004: "Art. 114. Compete à Justiça do Trabalho processar e julgar:... IV — os mandados de segurança, habeas corpus e habeas data, quando o ato questionado envolver matéria sujeita a sua jurisdição."). HC deferido para cassar o acórdão do TST, único impugnado, e declarar válido o acórdão do STJ. Precedente citado: HC 68687/PR (DJU de 4.10.91)."[22]

[22] Informativo STF n. 394, de 3.8.2005, p. 3.

8. *JUROS. ART. 192, § 3º, DA CONSTITUIÇÃO. AUTO-APLICAÇÃO. IMPOSSIBILIDADE*[23]

Decidiu, a 14.2.2005, o Min. Eros Grau que a taxa de juros de 12%, constante do art. 192, § 3º, da Constituição, não era auto-aplicável. Era programática, porque dependente de lei complementar que não foi editada, tendo sido revogado pela Emenda Constitucional n. 40, de 29.5.2005. É o que consta do RE 441.063-0-SC, *verbis*:

> *"O Tribunal de origem, à vista do disposto no artigo 192, § 3º, da Constituição do Brasil, entendeu que as taxas de juros não podem exceder o limite de 12% ao ano, em face da ausência de dispositivo na legislação vigente que ampare a adoção de taxa superior.*
>
> *2. Nas razões do recurso extraordinário alega-se não ser auto-aplicável o texto normativo referido, pois o próprio* caput *estabelece que a matéria ali tratada, da qual os juros são parte integrante e indissociável, será regulada por lei complementar.*
>
> *3. O Pleno desta Corte, ao julgar a ADIn n. 4/DF (DJ de 25.6.93), Relator o Ministro Sydney Sanches, expediu exegese segundo a qual, 'tendo a Constituição Federal, no único artigo em que trata do Sistema Financeiro Nacional (art. 192), estabelecido que este será regulado por lei complementar, com observância do que determinou no 'caput', nos seus incisos e parágrafos, não é de se admitir a eficácia imediata e isolada do disposto em seu parágrafo 3º, sobre taxa de juros reais (12% ao ano), até porque estes não foram conceituados'.*
>
> *4. Ante o exposto, com base no artigo 557, § 1º, do Código de Processo Civil, na redação dada pela Lei n. 9.756/98, conheço do recurso e dou-lhe provimento para, reformando o acórdão recorrido, declarar que o artigo 192, § 3º, da CB/88, não é auto-aplicável.*

---

[23] V., nesta coletânea, v. 3, p. 121, e v. 4, p. 71

5. Custas e honorários advocatícios a serem apurados em liquidação de sentença, tendo em consideração o que decidido a partir da interpretação da legislação infraconstitucional nas instâncias ordinárias.

Publique-se."[24]

[24] RE 441.063-0-SC, de 14.2.2005 (Banco Bamerindus do Brasil S/A — Em Liquidação Extrajudicial *vs.* Mineradora Santo Antônio Ltda e outro(a/s)). Relator: Min. Eros Grau (DJ n. 91, Seção 1, de 13.5.2005, p. 85).

9. *PRECATÓRIO*

A. AUTARQUIA

A 6.12.2005, a 2ª Turma do STF, em julgado da lavra do Min. Gilmar Mendes, entendeu que a Associação dos Portos de Paranaguá e Antonina — APPA, a exemplo da Empresa Brasileira de Correios e Telégrafos — ECT, como autarquia que também é, goza dos privilégios da Fazenda Pública, somente podendo ser executada mediante precatório. Assim foi decidido no RE 356.711-0-PR [25]. O registro constante do Informativo do STF mostra a posição prevalente, ainda aquando do pedido de vista do Min. Carlos Velloso, tendo sido adotada a posição do Relator. Transcreve-se para melhor compreensão do tema:

> *"A Turma iniciou julgamento de recurso extraordinário interposto pela Administração dos Portos de Paranaguá e Antonina — APPA contra acórdão do TST que, aplicando a Orientação Jurisprudencial n. 87 dessa Corte, entendera que a recorrente, embora autarquia, não goza do privilégio de execução por precatório, uma vez que se sujeita ao regime próprio das empresas privadas por exercer atividade econômica. Sustenta-se, na espécie, ofensa aos artigos 100 e 173, § 1º, da CF, sob a alegação de que a recorrente pode ser beneficiada pelo regime de pagamento de suas obrigações por precatório judicial em virtude de ser entidade autárquica que desenvolve atividade econômica, em regime de exclusividade. O Min. Gilmar Mendes, relator, deu provimento ao recurso para determinar que a execução seja submetida ao regime de precatório, no que foi acompanhado pelo Min. Joaquim Barbosa. Tendo em conta precedentes do STF no sentido de não incidir a norma do § 1º do art. 173 nas sociedades de economia mista ou empresas públicas que, apesar de exercerem atividade econômica, gozam de exclusividade, e salientando o julgamento do RE 220906/RS*

[25] RE 356.711-0-PR, de 6.12.2005 (Administração dos Portos de Paranaguá e Antonina — APPA vs. Josué Rodrigues Gonçalves). Relator: Min. Gilmar Mendes. A decisão final foi publicada no DJ n. 241, Seção 1, de 16.12.2005, p. 97).

(DJU de 14.11.2002), no qual se afirmou que Empresa Brasileira de Correios e Telégrafos — ECT está submetida ao regime de precatório, concluiu-se que o referido dispositivo também não seria aplicável à recorrente. Asseverou que, no caso, trata-se de autarquia que presta serviço público e recebe recursos estaduais, conforme previsto no Regulamento da APPA (Decreto Estadual n. 7.447/90). Além disso, a EC n. 19/98, ao alterar o art. 173, § 1º, da CF, teria reforçado o entendimento supra. Após, o julgamento foi adiado em face do pedido de vista do Min. Carlos Velloso."[26]

B. OBRIGAÇÃO DE PEQUENO VALOR[27]

O art. 100, § 3º, da Constituição da República, foi regulamentado pela Lei n. 10.099/00, e, a partir daí, nas execuções de pequeno valor, descabe a expedição de precatório. Nesse sentido, decidiu o Min. Cezar Peluso, a 14.12.2004, no RE 233.906-2-RS, *verbis*:

"1. Trata-se de recurso extraordinário interposto contra acórdão que determinou imediato pagamento de débito previdenciário de pequeno valor, dispensando expedição de precatório.

Sustenta o recorrente, com base no art. 102, III, a, a ocorrência de violação ao art. 100, caput, Constituição Federal.

2. Inadmissível o recurso.

Examinando a questão do pagamento de débito de pequeno valor, independentemente da expedição de precatório, decidiu a Primeira Turma, ao julgar o RE n. 310.153-AgR/SC, relator Min. Sepúlveda Pertence, DJU de 8.3.2002, por acórdão assim ementado:

'Precatório: débito de pequeno valor: Lei n. 10.099/00: RE prejudicado.

Em face da aplicabilidade imediata da Lei n. 10.099/00 — que regulamentou o art. 100, § 3º, CF, ao definir as obrigações de pequeno valor excluídas pela norma constitucional da sistemática de pagamentos mediante expedição de precatórios —, desapareceu o objeto do recurso extraordinário, interposto contra

[26] Informativo STF n. 410, de 30.11.2005, p. 2.

[27] V., nesta coletânea, v. 5, p. 77, e v. 7, p. 71

decisão que, proferida antes do advento da referida lei, em execução que tem por objeto valor que está nela abrangido, determinara que o pagamento se fizesse independentemente de precatório'.

E esta Corte já firmou entendimento de que a Lei n. 10.099/2000, que regulamentou o § 3º do art. 100, da CF (redação posterior à EC n. 20/98), por sua natureza processual, tem incidência imediata nos processos em curso: RREE ns. 293.231, Rel. Ministro Maurício Corrêa; 312.951-AgR, Rel. Ministro Sepúlveda Pertence; 317.829-AgR, Rel. Ministro Carlos Velloso.

O recurso extraordinário está, portanto, prejudicado.

3. Adotando, pois, os fundamentos desses precedentes e valendo-me do disposto nos artigos 21, § 1º, do RISTF, 38 da Lei n. 8.038/90, e 557 do CPC, nego seguimento ao recurso extraordinário.

Publique-se. Int."[28]

---

[28] RE 233.906-2-RS, de 14.12.2004 (Instituto Nacional do Seguro Social — INSS *vs.* Santino Carlos de Anflor). Relator: Min. Cezar Peluso. (DJ n. 30, Seção 1, de 15.2.2005, pp. 40-1). No mesmo sentido: MC em RECL 2.950-6-RN, de 14.1.2005 (Estado do Rio Grande do Norte *vs.* Juiz do Trabalho da 3ª Vara do Trabalho de Natal (RT n. 03-0944-99). Interessada: Vanusa Gomes de Sá). Relator: Min. Carlos Velloso (DJ n. 22, seção 1, de 1.2.2005, p. 44); RECL 2.951-4-RN, de 14.1.2005 (Estado do Rio Grande do Norte *vs.* Juiz do Trabalho da 3ª Vara do Trabalho de Natal (RT n. 03-4345-93). Interessado: Ranilson Soares da Silva). Relator: Min. Ellen Gracie; (DJ n. 22, seção 1, de 1.2.2005, p. 44); RECL 2.956-5-RN, de 11.1.2005 (Estado do Rio Grande do Norte *vs.* Juiz do Trabalho da 3ª Vara do Trabalho de Natal (RT n. 03-4389-94). Interessada: Edilson Guilherme). Relator: Min. Joaquim Barbosa (DJ n. 22, seção 1, de 1.2.2005, p. 44) ; MC em RECL 2.957-3-RN, de 14.1.2005 (Estado do Rio Grande do Norte *vs.* Juiz do Trabalho da 3ª Vara do Trabalho de Natal (RT n. 03-0281-96). Interessada: Marly Augusto de Freitas). Relator: Min. Carlos Velloso (DJ n. 22, seção 1, de 1.2.2005, p. 44); RECL 2.972-7-RN, de 14.1.2005 (Estado do Rio Grande do Norte *vs.* Juiz do Trabalho da 3ª Vara do Trabalho de Natal (RT n. 03-1502-92). Interessado: José Alfredo do Amaral Costa). Relator: Min. Ellen Gracie; (DJ n. 22, seção 1, de 1.2.2005, p. 45); MC em RECL 2.965-4-RN, de 14.1.2005 (Estado do Rio Grande do Norte *vs.* Juiz do Trabalho da 3ª Vara do Trabalho de Natal (RT n. 03-8520-99). Interessado(a/s): Francimar de Oliveira Félix Moura e outro (a/s). Relator: Min. Carlos Velloso (DJ n. 22, seção 1, de 1.2.2005, p. 45); MC em RECL 2.999-9-RN, de 14.1.2005 (Estado do Rio Grande do Norte *vs.* Juiz do Trabalho da 3ª Vara do Trabalho de Natal (RT n. 03-0729-99). Interessado: Etelvino Rufino de Figueiredo Neto). Relator: Gilmar Mendes (DJ n. 22, seção 1, de 1.2.2005, p. 45-6); MC em RECL 2.991-3-RN, de 14.1.2005 (Estado do Rio Grande do Norte *vs.* Juiz do Trabalho da 3ª Vara do Trabalho de Natal (RT n. 03-8023-94). Interessada: Joaquim Morais da Silva). Relator: Min. Gilmar Mendes (DJ n. 55, seção 1, de 22.3.2005, p. 12); RECL 3.000-8-RN, de 14.1.2005 (Estado do Rio Grande do Norte *vs.* Juiz do Trabalho da 3ª Vara do Trabalho de Natal (RT n. 03-8884-95). Interessado(a/s): Jacira Campelo da Silva e outro(a/s). Relator: Min. Carlos Velloso (DJ n. 22, seção 1, de 1.2.2005, p. 46); RECL 3.014-8-SP, de 31.12.2004 (Município de Indaiatuba *vs.* Relator do Mandado de Segurança n. 00300-2004-000-15-00-9 do Tribu-

C. SEQÜESTRO[29]

Não cabe seqüestro de verba pública para pagamento de precatório, salvo em caso de preterição da ordem de precedência. Decidiu assim a Min. Ellen Gracie, a 16.5.2005, no RECL 2.135-1-CE, *verbis*:

"1. Trata-se de reclamação ajuizada pelo Município de Tabuleiro do Norte contra decisão do Presidente do Tribunal Regional do Trabalho da 7ª Região que, tendo em vista o não pagamento de dívida de natureza alimentar, determinou o seqüestro de verba para pagamento de precatório, não obstante não tenha ocorrido a hipótese de preterição.

Alega a reclamante a existência de contrariedade ao que decidido no julgamento da ADIn 1.662 (Rel. Min. Maurício Corrêa, Plenário, maioria, DJ de 19.9.2003). A liminar foi deferida (fls. 147/148). Nas informações, a autoridade reclamada sustenta que a decretação do seqüestro baseou-se em farta documentação juntada aos autos. A Procuradoria-Geral da República opina pelo não conhecimento da reclamação por ilegitimidade do reclamante; no mérito, pela sua procedência (parecer de fls. 168/171).

2. Preliminarmente, observo que este Plenário, quando do julgamento do Agravo Regimental na Rcl 1.880 (Rel. Min. Maurício Corrêa, Plenário, maioria, DJ de 19.3.2004), deixou assentado que, tendo em vista a eficácia erga omnes e o efeito vinculante do julgamento de mérito da ação direta de inconstitucionalidade, a legitimidade para ajuizar a reclamação é ampla, alcançando todos aqueles eventualmente prejudicados por decisões judiciais ou administrativas que consubstanciem descumprimento ao que decidido por esta Corte.

Quanto ao mérito, verifico que a ADIn 1.662-SP, ao declarar inconstitucionais os itens III e XII da Instrução Normativa n. 11, de 10 de abril de 1997, do Tribunal Superior do Trabalho, decidiu que a previsão de que trata o § 4º do art. 78 do ADCT

---

nal Regional do Trabalho da 15ª Região). Interessado: Virgílio Antunes de Oliveira Neto). Relator: Min. Carlos Britto (DJ n. 22, seção 1, de 1.2.2005, p. 46); RECL 2.901-8-CE, de 14.1.2005 (Município de Iguatu *vs.* Presidente do Tribunal Regional do Trabalho da 7ª Região). Relator: Min. Sepúlveda Pertence (DJ n. 22, seção 1, de 1.2.2005, p. 43).

[29] V., nesta coletânea, v. 5, p. 72, v. 6, pp. 147 e 148, v. 7, p. 74, e v. 8, pp. 69, 71 e 72. V., sobre seqüestro, o meu *Ética, direito & justiça*. São Paulo, LTr, 2004, pp. 122-5.

da Constituição Federal, na redação dada pela Emenda Constitucional n. 30/2000, refere-se exclusivamente aos casos de parcelamento de que cuida o caput do dispositivo, não sendo aplicável aos débitos trabalhistas de natureza alimentícia. Na ocasião também foi ratificada a exegese de que a única situação suficiente para motivar o seqüestro de verbas públicas destinadas à satisfação de dívidas judiciais alimentares é a ocorrência de preterição da ordem de precedência.

Nesse sentido foram também os julgamentos, entre outras, das Rcls 1.091, 1.779 e 1.859, todas de relatoria do Min. Maurício Corrêa.

3. Ante o exposto, e nos termos do art. 161, parágrafo único, do RISTF, julgo procedente a presente reclamação, para cassar a determinação de seqüestro de verba para o pagamento do precatório n. 110/2000.

Publique-se."[30]

[30] RECL 2.135-1-CE, de 15.5.2005 (Município de Tabuleiro do Norte *vs.* Juiz Presidente do Tribunal Regional do Trabalho da 7ª Região. Interessado: Benilton Guimarães Gondim). Relator: Min. Ellen Gracie. (DJ n. 103, Seção 1, de 1.6.2005, p. 15). No mesmo sentido: RECL 2.154-8-RJ, de 16.5.2005 (Fundação Escola de Serviço Público do Estado do Rio de Janeiro — FESP *vs. Juíza Presidente do Tribunal Regional do Trabalho da 1ª Região.* Interessada: Maria Mariny Teles Sales). Relator: Min. Ellen Gracie (DJ n. 103, de 1.6.2005, p. 15).

10. *RECURSO EXTRAORDINÁRIO*[31]

A. DECISÃO INTERLOCUTÓRIA. DESCABIMENTO

Ao mandar retornar os autos para examinar determinado tema, o Tribunal que assim decide não profere decisão final, mas apenas decisão interlocutória, descabendo interposição de recurso extraordinário. Assim julgou o Min. Marco Aurélio, no AI 523.628-8-PR, a 14.3.2005, *verbis*:

> *"RECURSO EXTRAORDINÁRIO — INVIABILIDADE — DECISÃO QUE NÃO SE MOSTRA DE ÚLTIMA INSTÂNCIA — ARTIGO 102, INCISO III, DA CARTA FEDERAL — AGRAVO DESPROVIDO.*
>
> *1. Na espécie, não se tem recurso extraordinário contra provimento judicial que haja implicado o julgamento da causa. O acórdão proferido pelo Tribunal Superior do Trabalho implicou o acolhimento de pedido formulado no recurso para determinar o retorno dos autos à Turma para a apreciação do recurso de revista interposto pelos agravantes, esclarecendo-se 'qual o acordo coletivo foi aplicado à espécie, para limitar o pagamento das horas* in itinere *às que excederam em 90 minutos o trajeto diário' (folha 420). Assim, este extraordinário não se enquadra no permissivo do inciso III do artigo 102 da Constituição Federal no que estabelece a competência do Supremo Tribunal Federal para julgar, mediante o citado recurso, as causas decididas em única ou última instância, quando a decisão recorrida contrariar dispositivo constitucional, declarar a inconstitucionalidade de tratado ou lei federal ou, ainda, julgar válida a lei ou ato de governo local contestado em face desta Constituição. Decisões interlocutórias não podem ser atacadas, na via direta, mediante o extraordinário.*

[31] V., nesta coletânea, v. 2, p. 130, v. 4, pp. 108, 109 e 122, e v. 6, p. 162. Sobre recurso extraordinário, v. o meu *Ética, direito & justiça*... cit., pp. 126-36.

2. Conheço deste agravo e o desprovejo.

3. Publique-se."[32]

B. DECISÃO DE TRIBUNAL REGIONAL. DESCABIMENTO

O Min. Celso de Mello, a 2.3.2005, no AI 531.237-0-RS, decidiu que descabe recurso extraordinário contra decisão proferida por Tribunal Regional do Trabalho, no seguinte sentido:

"A parte ora agravante interpôs recurso extraordinário contra acórdão emanado do E. Tribunal Regional do Trabalho da 4ª Região.

Por não haver sido admitido o apelo extremo em questão, deu-se a interposição do presente agravo de instrumento.

A evidente inadmissibilidade, no caso, de recurso extraordinário contra decisão emanada de Tribunal Regional do Trabalho, ou de seu Presidente, torna inacolhível o agravo de instrumento ora em exame.

É que incumbia, à parte ora agravante, considerada a existência de decisão emanada de Tribunal Regional do Trabalho, esgotar, previamente, na esfera orgânica da Justiça do Trabalho, os recursos cabíveis, para, então, interpor, contra o acórdão resultante do julgamento final efetuado pelo TST, o pertinente recurso extraordinário, pois — não custa enfatizar — o apelo extremo, nos processos trabalhistas, presente o contexto ora em análise, é apenas cabível da decisão proferida pelo Tribunal Superior do Trabalho.

Na realidade, quando se tratar de processos trabalhistas, impõe-se, à parte interessada, exaurir todos os recursos cabíveis no âmbito dos órgãos judiciários que compõem a estrutura institucional da Justiça do Trabalho (CF, art. 111), em ordem a que o acesso, ao Supremo Tribunal Federal, pela via recursal extraordinária, somente se legitime em face de acórdãos emanados do Tribunal Superior do Trabalho, pelo fato de ser, este, o órgão de cúpula desse ramo especializado do Poder Judiciário da União.

---

[32] AI 523.628-8-PR, de 14.3.2005 (Klabin Fabricadora de Papel e Celulose S/A e outro(a/s) *vs.* Osias Dias Vasconcelos). Relator: Min. Marco Aurélio (DJ n. 63, Seção 1, de 4.4.2005, p. 20).

Esse entendimento — cabe enfatizar — reflete-se na jurisprudência do Supremo Tribunal Federal (RTJ 66/405 — RTJ 76/482 — AI 67.362-AgR/SP, Rel. Min. Thompson Flores — RE 70.046/BA, Rel. Min. Thompson Flores — RE 82.959/BA, Rel. Min. Bilac Pinto), cuja orientação, no tema ora em exame, vem de ser reafirmada em recentes decisões proferidas sob a égide da Constituição de 1988 (AI 384.204/SP, Rel. Min. Celso de Mello — AI 403.263/MT, Rel. Min. Celso de Mello):

'Descabe recurso extraordinário de decisão dos Tribunais Regionais do Trabalho (...).' (RTJ 90/863, Rel. Min. Cordeiro Guerra, Pleno — grifei)

'TRIBUNAL REGIONAL DO TRABALHO — INTERPOSIÇÃO DE RECURSO EXTRAORDINÁRIO — INADMISSIBILIDADE — RECURSO DE AGRAVO IMPROVIDO.

— Não cabe recurso extraordinário, para o Supremo Tribunal Federal, contra quaisquer decisões proferidas por Tribunais Regionais do Trabalho, inclusive contra atos decisórios emanados de seus Presidentes.

— O acesso, ao Supremo Tribunal Federal, pela via recursal extraordinária, nos processos trabalhistas, somente terá pertinência, quando se tratar de decisões proferidas pelo Tribunal Superior do Trabalho, por ser ele o órgão de cúpula desse ramo especializado do Poder Judiciário da União. Precedentes.'

(AI 407.035-AgR/RJ, Rel. Min. Celso de Mello, 2ª Turma)

Sendo assim, e tendo em consideração as razões expostas, nego provimento ao presente agravo de instrumento, por revelar-se processualmente inviável o recurso extraordinário a que ele se refere.

Publique-se."[33]

[33] AI 531.237-0-RS, de 2.3.2005 (Empresa Brasileira de Pesquisa Agropecuária — EMBRAPA *vs.* Nelson Casagrande e Cooperativa de Prestação de Serviços de Três de Maio Ltda). Relator: Min. Celso de Mello. (DJ n. 64, Seção 1, de 5.4.2005, p.80). No mesmo sentido: AI 534.192-0-SP, de 7.3.2005 (Amélia Gracie Rister *vs.* Banco Nossa Caixa S/A). Relator: Min. Celso de Mello. (DJ n. 64, Seção 1, de 5.4.2005, p. 88); AI 476.595-4-MG, de 7.12.2004 (Compacto Produtos e Serviços Educacionais Ltda e outro(a/s) *vs.* Sérgio de Souza Barbosa). Relator: Min. Celso de Mello. (DJ n. 23, Seção 1, de 2.2.2005, p. 70).

11. *REGISTRO PÚBLICO. CRIME DE DESOBEDIÊNCIA. CUMPRIMENTO DE DEVER LEGAL*

Não se caracteriza crime de desobediência, previsto no art. 330 do Código Penal, o fato de titular de ofício de registro de imóveis não registrar carta de adjudicação oriunda da Justiça do Trabalho se deficiente, e somente tê-lo feito após as providências necessárias. Nesse sentido, decidiu a 1ª Turma do STF, em voto do Min. Marco Aurélio, no HC 85.911-9-MG, em 25.10.2005, *verbis*:

> *"REGISTRO PÚBLICO — ATUAÇÃO DO TITULAR — CARTA DE ADJUDICAÇÃO — DÚVIDA LEVANTADA — CRIME DE DESOBEDIÊNCIA — IMPROPRIEDADE MANIFESTA.*
>
> *O cumprimento do dever imposto pela Lei de Registros Públicos, cogitando-se de deficiência de carta de adjudicação e levantando-se dúvida perante o juízo de direito da vara competente, longe fica de configurar ato passível de enquadramento no artigo 330 do Código Penal — crime de desobediência —, pouco importando o acolhimento, sob o ângulo judicial, do que suscitado."*[34]

---

[34] HC 85.911-9-MG, de 25.10.2005 (Eugênio Klein Dutra (Impetrantes: Sindicato dos Notários e Registradores de Minas Gerais — SINOREG/MG e outro(a/s)) *vs.* 2ª Turma Recursal do Juizado Especial Criminal de Belo Horizonte). Relator: Min. Marco Aurélio (DJ n. 231, de 2.12.2005, p. 13).

12. *SEGURANÇA, HIGIENE E SAÚDE DO TRABALHADOR. COMPETÊNCIA*

Em decisão de 17.12.2004, no julgamento do AI 526.389-1-SP, o Min. Marco Aurélio decidiu ser da competência da Justiça do Trabalho o exame de matéria relativa a segurança, higiene e saúde do trabalhador, à luz da Súmula n. 276 do Excelso Pretório, *verbis*:

> *"COMPETÊNCIA — JUSTIÇA DO TRABALHO — ACIDENTE DE TRABALHO — MATÉRIA SUMULADA — AGRAVO PROVIDO.*
>
> *1. O Pleno aprovou o Verbete n. 736 da Súmula, com a seguinte redação:*
>
> *'Compete à Justiça do Trabalho julgar as ações que tenham como causa de pedir o descumprimento de normas trabalhistas relativas à segurança, higiene e saúde dos trabalhadores.'*
>
> *2. Diante da sedimentação da jurisprudência, conheço deste agravo e o provejo, consignando o enquadramento do extraordinário no permissivo da alínea a do inciso III do artigo 102 da Constituição Federal. Ante o teor do Verbete, aciono o disposto nos artigos 544, §§ 3º e 4º, e 557, § 1º-A, do Código de Processo Civil e julgo, desde logo, o extraordinário, conhecendo-o e provendo-o para assentar a competência da Justiça do Trabalho.*
>
> *3. Publique-se."*[35]

[35] AI 526.389-1-SP, de 17.12.2005 (CBS Indústrias Pesadas S/A *vs.* Alamares Dorte). Relator: Min. Marco Aurélio (DJ n. 27, Seção 1, de 10.2.2005, p. 48).

PARTE IV

SERVIÇO PÚBLICO

1. CARTÓRIOS

A. ADICIONAL POR TEMPO DE SERVIÇO

O adicional por tempo de serviço é devido a serventuário da Justiça, de cartório não oficializado. Assim decidiu a 1ª Turma do STF, no RE 235.623-8-ES, do qual é relator o Min. Sepúlveda Pertence, a 24.5.2005. A 18.10.2005, o Ag Reg interposto não foi conhecido porque incabível na espécie. A decisão proferida no recurso extremo tem a seguinte ementa:

"1. Recurso extraordinário: descabimento: ausência de prequestionamento dos princípios da legalidade e da moralidade (CF, art. 37, caput): incidência das Súmulas ns. 282 e 356.

2. Adicional por tempo de serviço: não sendo vantagem prevista nem disciplinada na Constituição Federal, não a viola a lei estadual que manda computar para o seu cálculo o tempo em que o servidor fora serventuário contratado de cartório não oficializado: o regime privado da atividade notarial e de registro, estabelecido pelo art. 236 da Lei Fundamental, não impede que o tempo de serviço nela cumprido seja tido, por lei, como fato aquisitivo do direito ao adicional. Precedente: RE 245.171, 1ª T., 12.9.2000, Pertence, DJ 20.10.2001."[1]

B. SERVENTUÁRIO. CONCURSO PÚBLICO

O ingresso na atividade notarial e de registro depende de concurso público. Assim entendeu o STF ao exame do AI 465.867-8-MG, em decisão do Min. Celso de Mello, de 15.12.2004, interpretando o art. 236, § 3º, da Constituição, *verbis*:

"O acórdão de que se recorre extraordinariamente ajusta-se, com integral fidelidade, à jurisprudência firmada pelo Plenário do Supremo Tribunal Federal, cuja orientação, no tema

---

[1] RE 235.623-8-ES, de 24.5.2005 (Estado do Espírito Santo *vs.* Laerte Rogério Neves). Relator: Min. Sepúlveda Pertence (DJ n. 165, Seção 1, de 26.8.2005, p. 28).

ora em exame (RTJ 167/748, Rel. Min. Mauricio Corrêa — ADIn 363/DF, Rel. Min. Sydney Sanches), tem ressaltado a imprescindibilidade de concurso público de provas e títulos, para efeito de ingresso na atividade notarial e de registro, consoante prescreve, em caráter impositivo, a Constituição da República (art. 236, § 3º), ainda mais se se tratar, como na espécie, de vacância registrada sob a égide do vigente estatuto fundamental, independentemente de o interessado estar exercendo, ou não, como substituto, as atribuições inerentes à Serventia.

Com efeito, esta Suprema Corte, ao julgar o RE 182.641/SP, Rel. Min. Octavio Gallotti (RTJ 159/360), que versou matéria virtualmente idêntica à ora veiculada no caso em exame, fixou entendimento que desautoriza a pretensão de direito material que a parte ora agravante deduziu em sede recursal extraordinária:

'Cartório de notas. Depende da realização de concurso público de provas e títulos a investidura na titularidade de Serventia cuja vaga tenha ocorrido após a promulgação da Constituição de 1988 (art. 236, § 3º), não se configurando direito adquirido ao provimento, por parte de quem haja preenchido, como substituto, o tempo de serviço contemplado no art. 208, acrescentado, à Carta de 1967, pela Emenda n. 22, de 1982.' (grifei).

Impende ressaltar, por necessário, que esse entendimento vem sendo observado em sucessivos julgamentos, monocráticos e colegiados, proferidos no âmbito do Supremo Tribunal Federal, a propósito da questão que ora se examina (AI 376.705/SC, Rel. Min. Carlos Velloso — RE 230.585/GO, Rel. Min. Moreira Alves — RE 244.574/RS, Rel. Min. Carlos Velloso — RE 302.739-AgR/RS, Rel. Min. Nelson Jobim — RE 335.286/SC, Rel. Min. Carlos Britto — RE 383.408/MG, Rel. Min. Ellen Gracie, v.g.).

Cumpre ter presente, neste ponto, o autorizado magistério do eminente jurista e Advogado Walter Ceneviva ("Direito Constitucional Brasileiro", p. 312, item n. 2, 1989, Saraiva), que expendeu valiosas considerações sobre a disciplina jurídico-constitucional das Serventias extrajudiciais:

'As serventias notariais ou registrárias, previstas na Lei dos Registros Públicos (Lei n. 6.015/73), são exercidas em caráter privado (art. 236) porque recebem retribuição não-oficial, mas oriunda de pagamentos pelas partes interessadas. Mesmo assim prestam serviço público.

São órgãos aos quais o Estado incumbe a atividade de típica ordem pública, para alcançar efeitos específicos, definidos em lei.

Em fidelidade à regra geral do art. 37, II, o ingresso na atividade notarial e de registro depende de concurso público. O concurso é aberto para provimento ou remoção no prazo máximo de seis meses a contar da vacância.

...

Os serventuários de registros e de notas são nomeados de acordo com o estabelecimento nas leis de organização administrativa e judiciária do Distrito Federal, dos Territórios e dos Estados, observada a exigência do concurso.' (grifei)

Sendo assim, e tendo em consideração as razões expostas, nego provimento ao presente agravo de instrumento, por revelar-se inviável o recurso extraordinário a que ele se refere.

Publique-se."[2]

---

[2] AI 465.867-8-MG, de 15.2.2004 (Inah Álvares da Silva Campos *vs.* Estado de Minas Gerais). Relator: Min. Celso de Mello (DJ n. 27, Seção 1, de 10.2.2005, p. 18).

2. *CONCURSO PÚBLICO*

A. ALTERAÇÃO DE EDITAL. IMPOSSIBILIDADE

A Administração Pública pode alterar as regras constantes de edital de concurso público, enquanto este não houver sido concluído e homologado. A decisão é da 2ª Turma do STF, no RE 318.106-8-RN, relatado pela Min. Ellen Gracie, a 18.10.2005, e tem o seguinte teor:

"ADMINISTRATIVO — SERVIDOR PÚBLICO — CONCURSO — ALTERAÇÃO DO EDITAL.

1. Enquanto não concluído e homologado o concurso público, pode a Administração alterar as condições do certame constantes do respectivo edital, para adaptá-las à nova legislação aplicável à espécie. Antes do provimento do cargo, o candidato tem mera expectativa de direito à nomeação. Precedentes.

2. Recurso provido."[3]

B. APROVAÇÃO. DIREITO À NOMEAÇÃO

O fato de ser aprovado em concurso público não garante ao candidato direito à nomeação. O que a Constituição da República garante é o direito subjetivo à nomeação conforme a ordem de classificação e no seu prazo de validade, e não em prazo específico para nomear os aprovados às vagas fixadas. Foi o que decidiu o Pleno do STF, na ADIn 2.931-2-RJ, a 24.2.2005, relatado pelo Min. Carlos Ayres Britto, conforme o registro abaixo:

"O Plenário, por maioria, julgou procedente pedido de ação direta proposta pelo Procurador-Geral da República para declarar a inconstitucionalidade do inciso VII do art. 77 da Constituição do Estado do Rio de Janeiro, que assegura aos apro-

[3] RE 318.106-8-RN, de 18.10.2005 (União *vs.* Aparecido Coutinho). Relatora: Min. Ellen Gracie (DJ n. 221, Seção 1, de 18.11.2005, p. 25).

vados em concurso público, dentro do número de vagas fixado no respectivo edital, o direito ao provimento no cargo no prazo máximo de cento e oitenta dias, contado da homologação do resultado. Com base no entendimento fixado no RE 229.450/ RJ (DJU de 31.8.2001) no sentido de que a CF apenas assegura ao candidato aprovado o direito subjetivo à nomeação de acordo com a respectiva ordem de classificação e no prazo da validade do concurso, ficando o ato de provimento adstrito ao poder discricionário da Administração Pública, entendeu-se que a norma impugnada viola os arts. 2º e 37, IV, da CF. Reconheceu-se, ademais, a afronta à reserva de iniciativa do Chefe do Poder Executivo prevista no art. 61, § 1º, II, c, da CF. Vencidos os Ministros Marco Aurélio, Celso de Mello e Sepúlveda Pertence, que julgavam improcedente o pedido."[4]

A decisão do Pleno da Suprema Corte é a seguinte:

"O Tribunal, por maioria, julgou procedente a ação para declarar a inconstitucionalidade do inciso VII do artigo 77 da Constituição do Estado do Rio de Janeiro, nos termos do voto do relator, vencidos os Senhores Ministros Marco Aurélio, Celso de Mello e Sepúlveda Pertence. Votou o Presidente, Ministro Nelson Jobim. Ausente, justificadamente, o Senhor Ministro Eros Grau."[5]

C. ASCENSÃO FUNCIONAL

O provimento de cargo público mediante ascensão funcional não é permitido pela Lei Fundamental, porquanto o art. 37, n. II, do Diploma Maior, exige a prestação de concurso público. Nesse sentido, manifestou o Pleno do STF no julgamento da ADIn 3.030-2-AP, a 24.2.2005, relatada pelo Min. Carlos Velloso, proclamando a inconstitucionalidade de parte do art. 48 da Constituição do Estado do Amapá. A decisão suprema é a seguinte:

"CONSTITUCIONAL — ADMINISTRATIVO — SERVIDOR PÚBLICO — ASCENSÃO FUNCIONAL: INCONSTITUCIONALIDADE — CF, art. 37, II. Constituição do Estado do Amapá, art. 48.

---

[4] Informativo STF n. 377, de 2.3.2005, p. 2.

[5] ADIn 2.931-2-RJ, de 24.2.2005 (Procurador-Geral da República *vs.* Assembléia Legislativa do Estado do Rio de Janeiro). Relator: Min. Carlos Britto (DJ n. 44, Seção 1, de 7.3.2005, p. 44).

I — A jurisprudência do Supremo Tribunal Federal não admite a ascensão funcional, espécie de provimento derivado vertical. CF, art. 37, II.

II — Inconstitucionalidade de dispositivo da Constituição do Amapá que admite a ascensão funcional, art. 48.

III. — ADIn julgada procedente."[6]

D. IDADE LIMITE[7]

As exigências para o exercício de cargo público devem ser cumpridas aquando do ato de posse. A regra aplica-se à idade limite. Assim a decisão do Min. Sepúlveda Pertence, no AI 539.419-9-MG, proferida a 26.4.2005, *verbis:*

"Agravo de instrumento de decisão que inadmitiu RE, a, contra acórdão do Tribunal de Justiça do Estado de Minas Gerais, assim ementado:

'MANDADO DE SEGURANÇA — CONCURSO PÚBLICO — IDADE LIMITE — EDITAL — VIOLAÇÃO INCONTROVERSA DE PRECEITOS LEGAIS — PRINCÍPIO DE ISONOMIA. Qualquer discriminação fere o princípio da igualdade e cria odiosa e pessoal discriminação entre pessoas que devem ter o mesmo tratamento em face de concurso público; verdade inconteste a de que não existe razão lógica ou substancial para a limitação de tratamento em função de idade'.

Lê-se do voto do Relator:

'(...) o ora apelado, ao tempo da inscrição no referido concurso preenchia a condição da idade e não fez sua inscrição nas demais fases porque a própria Administração suspendeu o certame, voltando a realizá-lo com imposição de nova exigência (2º grau completo); tal exigência caiu por terra com a promulgação da Lei Complementar n. 62/2001 que dispunha que aquelas pessoas, como o impetrante, que estavam inscritas em qualquer fase do concurso em 13.1.1998 não precisavam cumpri-la'.

---

[6] ADIn 3.030-2-AP, de 24.2.2005 (Procurador-Geral da República *vs.* Assembléia Legislativa do Estado do Amapá). Relator: Min. Carlos Velloso. (DJ n. 53, Seção 1, de 18.3.2005, p. 47).

[7] V., nesta coletânea, v. 3, p. 107

Alega-se violação dos artigos 5º, LIV e LXIX; 37, I, e 39, § 3º, da Constituição Federal. Aduz que 'não se sustenta também a afirmação de que, ao tempo da inscrição no referido concurso, o Recorrido preenchia as condições de idade. Sabe-se, que os requisitos do Edital devem ser cumpridos quando da posse no cargo pleiteado (...)'.

O acórdão do Tribunal a quo está em desacordo com a jurisprudência do Supremo Tribunal Federal. No RE 184.425 (Carlos Velloso, DJ 12.6.98, 2ªT) esta Corte assentou que as exigências para exercício do cargo devem ser atendidas no momento da posse. Eis a ementa:

'CONSTITUCIONAL — SERVIDOR PÚBLICO — CONCURSO PÚBLICO — HABILITAÇÃO LEGAL — CARGO PÚBLICO: REQUISITOS ESTABELECIDOS EM LEI — CF, art. 37, I. I. — A habilitação legal para o exercício do cargo deve ser exigida no momento da posse. No caso, a recorrente, aprovada em primeiro lugar no concurso público, somente não possuía a plena habilitação, no momento do encerramento das inscrições, tendo em vista a situação de fato ocorrida no âmbito da Universidade, habilitação plena obtida, entretanto, no correr do concurso: diploma e registro no Conselho Regional. Atendimento, destarte, do requisito inscrito em lei, no caso. CF, artigo 37, I. II. — R.E. conhecido e provido'.

No mesmo sentido: RE 392.976, 17.8.2004, 1ª T., Sepúlveda Pertence, DJ 8.10.2004.

Assim, provejo o agravo, que converto em recurso extraordinário (art. 544, §§ 3º e 4º, do C.Pr.Civil) e, desde logo, dou provimento a este (art. 557, § 1º-A, do C.Pr.Civil)."[8]

E. ISONOMIA

Ao dar nova oportunidade a candidato que, em prova física de corrida, sofreu lesão muscular, o promotor do concurso atribuiu benefício não previsto no edital respectivo e não estendido aos que foram reprovados. Essa atitude foi entendida, pela 2ª Turma do STF, no RE 351.142-4-RN, de 31.5.2005, relatado pela Min. Ellen Gracie, como anti-isonômica. É a seguinte a decisão turmária:

---

[8] AI 539.419-9-MG, de 26.4.2005 (Estado de Minas Gerais *vs.* Silvério Gonçalves dos Reis). Relator: Min. Sepúlveda Pertence (DJ n. 85, Seção 1, de 5.5.2005, p. 36).

"CONSTITUCIONAL — ADMINISTRATIVO — ISONOMIA — CONCURSO PÚBLICO — PROVA DE APTIDÃO FÍSICA — LESÃO TEMPORÁRIA — NOVA DATA PARA O TESTE — INADMISSIBILIDADE.

1. Mandado de segurança impetrado para que candidata acometida de lesão muscular durante o teste de corrida pudesse realizar as demais provas físicas em outra data. Pretensão deferida com fundamento no princípio da isonomia.

2. Decisão que, na prática, conferiu a uma candidata que falhou durante a realização de sua prova física uma segunda oportunidade para cumpri-la. Benefício não estendido aos demais candidatos. Criação de situação anti-isonômica.

3. Recurso extraordinário conhecido e provido."[9]

---

[9] RE 351.142-4-RN, de 31.5.2005 (Estado do Rio Grande do Norte *vs.* Adeilze Silva dos Santos). Relator: Min. Ellen Gracie (DJ n. 125, Seção 1, de 1.7.2005, p. 88).

3. *CONSELHO NACIONAL DE JUSTIÇA. CONSTITUCIONALIDADE. COMPOSIÇÃO. EMENDA N. 45/2004*

A Emenda Constitucional n. 45/2004 criou o Conselho Nacional de Justiça. A Associação dos Magistrados Brasileiros (AMB) pretendeu a inconstitucionalidade dessa Emenda e, em conseqüência, do próprio Conselho por ela criado. O Supremo Tribunal julgou improcedente a ADIn 3.367-1-DF, a 13.4.2005, acompanhando o relator, Min. Cezar Peluso.

O registro desse julgamento é o seguinte:

"O Tribunal, por maioria, julgou improcedente pedido formulado em ação direta de inconstitucionalidade ajuizada pela Associação dos Magistrados Brasileiros — AMB contra os artigos 1º e 2º da EC n. 45/2004, que estabelecem normas relativas ao Conselho Nacional de Justiça — CNJ. A requerente alegava que a instituição do CNJ, voltado ao controle da atuação administrativa e financeira do Judiciário e do cumprimento dos deveres funcionais dos magistrados, composto por membros na origem alheios ao mesmo Poder, ofenderia o princípio da separação e da independência dos poderes (CF, art. 2º) e também o pacto federativo (CF, arts. 18, 25 e 125), na medida em que submeteu os órgãos do Poder Judiciário dos Estados a uma supervisão administrativa, orçamentária, financeira e disciplinar por órgão da União. Sustentava ainda, em relação ao art. 103-B, § 4º, III, introduzido pela mesma Emenda, que teria havido afronta ao § 2º do art. 60 da CF, já que a expressão "perda do cargo", contida no texto vindo da Câmara dos Deputados, ao ser suprimida do texto aprovado no Senado Federal, deveria ser submetida à reapreciação da primeira Casa legislativa. Preliminarmente, por unanimidade, afastou-se o vício formal de inconstitucionalidade da norma em questão, suscitado pela Advocacia-Geral da União — consistente na impossibilidade jurídica dos pedidos, porque deduzidos antes da publicação oficial da Emenda —, haja vista que a publicação superveniente da mesma corrigiu a carência original da ação.

Também por unanimidade, não se conheceu do pedido declaratório de inconstitucionalidade do art. 125, § 8º, tendo em conta a inexistência de tal dispositivo no texto da Emenda impugnada afinal promulgado.

No mérito, inicialmente, afastou-se a apontada violação ao art. 2º da CF. Remontando à matriz histórica e à evolução da doutrina política que inspiraram nosso sistema constitucional da separação dos Poderes, afirmou-se que o constituinte desenhou a estrutura institucional desses Poderes de forma a garantir-lhes a independência no exercício das funções típicas, por meio da previsão de autonomia orgânica, administrativa e financeira, temperando-a, no entanto, com a prescrição de outras atribuições, muitas de controle recíproco, cujo conjunto forma um sistema de integração e cooperação preordenado a assegurar equilíbrio dinâmico entre os órgãos, em benefício da garantia da liberdade, consistindo esse quadro normativo em expressão natural do princípio na arquitetura política dos freios e contrapesos. Com base nisso, esclareceu-se que o CNJ é órgão próprio do Poder Judiciário (CF, art. 92, I-A), composto, na maioria, por membros desse mesmo Poder (CF, art. 103-B), nomeados sem interferência direta dos outros Poderes, dos quais o Legislativo apenas indica, fora de seus quadros e, assim, sem vestígios de representação orgânica, dois dos quinze membros, não podendo essa indicação se equiparar a nenhuma forma de intromissão incompatível com a idéia política e o perfil constitucional da separação e independência dos Poderes. Salientou-se, ademais, que a composição híbrida do CNJ não compromete a independência interna e externa do Judiciário, porquanto não julga causa alguma, nem dispõe de atribuição, de nenhuma competência, cujo exercício interfira no desempenho da função típica do Judiciário, a jurisdicional. Levando em conta as atribuições conferidas ao Conselho — controle da atividade administrativa e financeira do Judiciário e controle ético-disciplinar de seus membros — assentou-se que a primeira não atinge o autogoverno do Judiciário, visto que, da totalidade das competências privativas dos tribunais (CF, art. 96), nenhuma lhes foi usurpada, e que a segunda não acarreta imparcialidade jurisdicional, eis que representa expressiva conquista do Estado democrático de direito a consciência de que os mecanismos de responsabilização dos juízes, por inobservância das obrigações funcionais, são imprescindíveis à boa prestação jurisdicional, sendo de reconhecer, como imperativo do regime republicano e da inteireza e serventia da função, a necessidade de convívio permanente entre a independência jurisdicional e instrumentos de responsabilização dos juízes que não sejam apenas formais, mas que cumpram, com efetividade, o papel que se lhes predica. Acrescentou-se que a existência, no Conselho, de membros alheios ao corpo da magistratura, além de viabilizar a erradicação do corporativismo, estende uma ponte entre o Judiciário e a sociedade, permitindo a oxigenação da estrutura burocrática do Poder e a resposta a críticas severas.

Da mesma forma, julgou-se improcedente a alegada violação ao pacto federativo. Ressaltou-se que este, em relação ao Poder Judiciário, se expressa de forma normativa diversa da que atua sobre os demais Poderes, pois a Jurisdição, enquanto manifestação da unidade do poder soberano do Estado, é una e indivisível, sendo doutrina assente que o Poder Judiciário tem caráter nacional, consistindo a divisão da estrutura judiciária brasileira, sob equívoca denominação, em "Justiças", como resultado tão-só da repartição racional do trabalho da mesma natureza entre distintos órgãos jurisdicionais. Considerou-se que o CNJ reúne as características palpáveis de órgão federal, enquanto representativo do Estado unitário, formado pela associação das unidades federadas. Não é órgão da União, mas sim do Poder Judiciário nacional, não havendo que se falar, assim, em supervisão administrativa, orçamentária, financeira e disciplinar dos órgãos judiciários estaduais por órgão da União. Assentou-se, ainda, que a composição do Conselho reverencia e contempla as duas esferas federativas dotadas de "Justiças", a União e os Estados-membros, os quais contam com representantes das respectivas magistraturas (CF, art. 103-B, I a IX). Concluiu-se que o Conselho não anula, mas reafirma o princípio federativo.

Rechaçou-se, também, a mencionada inconstitucionalidade formal do art. 103-B, § 4º, III, porquanto, não obstante a retirada, no Senado, da expressão "perda do cargo", o texto residual, aprovado em ambas as Casas legislativas, teria mantido intacto o sentido nomológico, dada sua perceptível autonomia semântica. Além disso, afirmou-se que a inclusão do poder de ordenar a perda do cargo de magistrado vitalício, como atribuição do Conselho, é que poderia consubstanciar inconstitucionalidade, ante a previsão do inciso I do art. 95 da CF, que restringe, de forma taxativa, as hipóteses em que é possível a perda, nada valendo, por essa razão, a submissão da expres-

são suprimida ao escrutínio da Câmara dos Deputados. Por fim, quanto ao aditamento à inicial, em que se impugnava a proposta de acréscimo de mais um parágrafo ao art. 103-B da CF, pendente de apreciação na Câmara, dispondo sobre vedações aos membros do Conselho, referidos nos incisos XII e XIII do mesmo artigo, de cumulação com outras atividades durante o exercício do mandato, afastou-se a apontada violação ao princípio isonômico, consistente na premissa de que a falta de norma semelhante no corpo da Emenda significaria que as vedações propostas não se aplicariam aos advogados e cidadãos integrantes do Conselho, tendo em vista que a pendência da proposta voltada a incorporar aqueles impedimentos à ordem constitucional não implica que a eles não estejam sujeitos os referidos membros, bastando juízo analógico baseado nos artigos 95, parágrafo único, e 127, § 5º, II, da CF, para concluir-se que ninguém pode desempenhar atividades incompatíveis com a função de membro do Conselho.

Em suma, com esses fundamentos, o Tribunal julgou, por maioria, totalmente improcedente o pedido. Vencidos o Min. Marco Aurélio, que o julgava integralmente procedente; os Ministros Ellen Gracie e Carlos Velloso, que o julgavam parcialmente procedente, para declarar a inconstitucionalidade dos incisos X, XI, XII e XIII do art. 103-B e o Min. Sepúlveda Pertence, que o julgava procedente, em menor extensão, dando pela inconstitucionalidade somente do inciso XIII do caput do art. 103-B."[10]

A decisão do Pleno do STF é a seguinte:

"O Tribunal, por unanimidade, afastou o vício formal de inconstitucionalidade da Emenda Constitucional n. 45/2004, como também não conheceu da ação quanto ao § 8º do artigo 125. No mérito, o Tribunal, por maioria, julgou totalmente improcedente a ação, vencidos o Senhor Ministro Marco Aurélio, que a julgava integralmente procedente; a Senhora Ministra Ellen Gracie e o Senhor Ministro Carlos Velloso, que julgavam parcialmente procedente a ação para declarar a inconstitucionalidade dos incisos X, XI, XII e XIII do artigo 103-B, acrescentado pela emenda constitucional; e o Ministro Sepúlveda Pertence,

[10] Informativo STF n. 383, de 20.4.2005, pp. 1-2.

que a julgava procedente, em menor extensão, dando pela inconstitucionalidade somente do inciso XIII do caput do artigo 103-B. Votou o Presidente, Ministro Nelson Jobim. Falaram, pela requerente, o Dr. Alberto Pavie Ribeiro, pela Advocacia-Geral da União, o Dr. Álvaro Augusto Ribeiro Costa e, pelo Ministério Público Federal, o Dr. Cláudio Lemos Fonteles, Procurador-Geral da República."[11]

[11] ADIn 3.367-1-DF, de 13.4.2005 (Associação dos Magistrados Brasileiros — AMB *vs.* Congresso Nacional). Relator: Min. Cezar Peluso (DJ n. 77, Seção 1, de 25.4.2005, p. 35).

4. CONSELHO SUPERIOR DO MINISTÉRIO PÚBLICO. LEGITIMIDADE. COMPOSIÇÃO. EMENDA N. 45/2004

No julgamento da MC em ADIn 3.472-3-DF, a 28.4.2005, o Pleno do STF, acompanhando o relator, Min. Sepulveda Pertence, reconheceu a legitimidade ativa da Confederação Nacional dos Membros do Ministério Público. Adiante, entendeu que o Senado Federal não poderia ter alterado substancialmente a composição do Conselho Superior do Ministério Público e promulgado a Emenda Constitucional n. 45/2004 sem que o dispositivo alterado naquela Casa retornasse à Câmara dos Deputados para nova votação. Com efeito, o STF concedeu a liminar requerida. A decisão é a seguinte:

"I. ADIn: legitimidade ativa: 'entidade de classe de âmbito nacional' (art. 103, IX, CF): Confederação Nacional dos Membros do Ministério Público.

1. É certo que, na ADInMC 1.402, de 29.2.96, red. p/ acórdão Maurício Corrêa, o Tribunal, na linha da jurisprudência então dominante na Casa, que desqualifica para a iniciativa da ADIn as chamadas 'associações de associações', negou à CONAMP a qualificação de 'entidade de classe de âmbito nacional'; no caso, a discussão seria ociosa, dado que, ao julgar, a ADIn-AgR 3153, 12.8.04, Pertence, o plenário da Corte abandonou o entendimento que exclui as entidades de classe de segundo grau do rol dos legitimados à ação direta.

2. Ademais, segundo o estatuto da CONAMP — agora Associação Nacional dos Membros do Ministério Público — a qualidade de 'associados efetivos' ficou adstrita às pessoas físicas integrantes da categoria, — o que basta a satisfazer a jurisprudência restritiva —, ainda que o estatuto reserve às associações afiliadas papel relevante na gestão da entidade nacional.

II. ADIn: pertinência temática. Cuidando-se do processo de integração de membros do MP dos Estados na composição do Conselho Nacional do Ministério Público, é manifesta a inter-

seção do tema da norma impugnada com os fins institucionais da representação da categoria profissional que a entidade requerente congrega.

III. Conselho Nacional do Ministério Público: composição inicial (EC n. 45/2004, art. 5º, § 1º): densa plausibilidade da argüição de inconstitucionalidade de norma atributiva de competência transitória para a hipótese de não se efetivarem a tempo, na forma do texto permanente, as indicações ou escolhas dos membros do Conselho Nacional do Ministério Público, por inobservância do processo legislativo previsto no § 2º do art. 60 da Constituição da República, dada a patente subversão do conteúdo da proposição aprovada pela Câmara dos Deputados, por força de emenda que lhe impôs o Senado, e afinal se enxertou no texto promulgado."[12]

[12] MC em ADIn 3.472-3-DF, de 28.4.2005 (Associação Nacional dos Membros do Ministério Público — CONAMP *vs.* Congresso Nacional). Relator: Min. Sepúlveda Pertence (DJ n. 120, Seção 1, de 24.6.2005, p. 5).

5. *MAGISTRADO*

A. APOSENTADORIA. PENALIDADE

Ao indeferir, a 3.3.2005, liminar no MS 25.191-3-DF, a Min. Ellen Gracie acentuou importantes pontos, a saber: 1) cabe sindicância para apurar procedimentos irregulares de magistrado, por subsidiariedade da Lei n. 8.112/90; 2) até que seja editado novo Estatuto da Magistratura, continua válida a aposentadoria proporcional prevista no art. 47, II, da Lei Orgânica da Magistratura Nacional (LOMAN). O despacho proferido tem o seguinte teor:

"Pedro Pereira de Oliveira impetra mandado de segurança contra Decreto do Exmo. Senhor Presidente da República que o aposentou compulsoriamente no cargo de Juiz Togado do Tribunal Regional do Trabalho da 14ª Região.

O impetrante sustenta, em resumo, que o processo administrativo TST-722.643/2002 que antecedeu o decreto impugnado é nulo em razão de incompetência do Tribunal Superior do Trabalho assim como nula também foi a sindicância prévia por falta de previsão em lei. Alega a ocorrência de prescrição qüinqüenal do processo disciplinar, cerceamento de defesa, falta de quorum, quebra de segredo no escrutínio e que, após o advento da Constituição de 1988, não mais existe aposentadoria com vencimentos proporcionais.

Quanto ao mérito, no que diz respeito à acusação de excesso de viagens em que foi acompanhado da esposa e do seu chefe de gabinete, alega que foram apenas três as imputadas como irregulares e que foi indevidamente julgado por vinte e seis. Com relação à homologação da licitação da obra do TRT da 14ª Região, tida como irregular, foi resultado de procedimento iniciado na gestão anterior com contrato assinado antes de sua gestão na Presidência. Com respeito à nomeação de servidor para cargo inexistente cedido como assessor técnico, diz que não houve prejuízo para a Administração Pública.

O impetrante requer a concessão de medida liminar para suspender o efeito do Decreto Presidencial com seu retorno às funções judiciais e a não nomeação ou afastamento do juiz acaso nomeado para seu cargo e, quando do julgamento, a concessão definitiva da ordem.

"Solicitadas informações (fls. 460/508) a autoridade impetrada sustentou a validade do ato impugnado, a ausência das alegadas nulidades e a inadequação do mandado de segurança para questionamento de tema dependente de prova.

Em primeiro exame, na linha do entendimento firmado pelo Plenário do Supremo Tribunal Federal na QO na Pet. 1193, rel. o Min. Moreira Alves, DJ 26.6.97, não se verifica a alegada incompetência do Tribunal Superior do Trabalho ou a falta de quorum. Por outro lado, não há clareza nos autos quanto ao termo ad quem do prazo prescricional. Acrescento que, embora não contemplada pela LC n. 35, Lei Orgânica da Magistratura Nacional, a sindicância, que é feita também em benefício do próprio sindicado, está prevista na Lei n. 8.112/90 aplicada subsidiariamente. A aposentadoria proporcional está prevista no art. 47, II da LOMAN, que no meu entender continua válido até a expedição do novo estatuto da magistratura. As demais alegações dependem da análise de fatos e provas, o que não é viável em sede de mandado de segurança.

Por essas razões, indefiro a medida liminar requerida. Abra-se vista à Procuradoria Geral da República.

Publique-se."[13]

B. APOSENTADORIA. TEMPO DE SERVIÇO

Havendo reconhecimento expresso do tempo de serviço e preenchendo o magistrado os requisitos do art. 93, VI, da Constituição, antes da Emenda Constitucional n. 20/98, fará jus a aposentadoria. Nesse sentido decidiu o Pleno do STF, a 2.3.2005, acompanhando o relator, Min. Sepúlveda Pertence, no MS 24.008-3-DF, *verbis*:

"Magistrado: aposentadoria com proventos de Juiz Togado do TRT/12ª Região: preenchimento dos requisitos necessários previstos no primitivo art. 93, VI, da Constituição antes da promulgação da EC n. 20/98.

1.Retificada pela Justiça Trabalhista a data da posse do impetrante para a data em que se dera a rejeição ilegal de seu

---

[13] MS 25.191-3-DF, de 3.3.2005 (Pedro Pereira de Oliveira *vs.* Presidente da República). Relator: Min. Ellen Gracie (DJ n. 46, Seção 1, de 9.3.2005, p. 15).

acesso ao TRT/12ª Região, tem-se que, para efeitos de aposentadoria, desde a mesma data deve ele ser considerado como integrante daquela Corte.

2. Preencheu, portanto, todos os requisitos para a sua aposentadoria (trinta anos de serviço e cinco de magistratura) antes da EC n. 20/98, aplicando-se-lhe o seu art. 3º, que assegura a concessão de aposentadoria aos que — até a data da publicação da Emenda — tenham cumprido os requisitos previstos na legislação antes vigente (antigo art. 93,VI, CF), sem a exigência atual de cinco anos no cargo (art. 40, § 1º, III, CF): donde, o direito do impetrante aos proventos de juiz togado do Tribunal."[14]

C. EXERCÍCIO CUMULATIVO COM O MAGISTÉRIO

No volume anterior, foi transcrito o despacho do Min. Nelson Jobim, então Vice-Presidente do Excelso Pretório, reconhecendo, liminarmente, ser possível o exercício cumulativo de cargo da magistratura com o exercício do magistério pelos integrantes do poder Judiciário brasileiro. A liminar concedida na MC em ADIn 3.126-1-DF[15] foi mantida pelo Pleno do STF, a 17.2.2005, acompanhando a Corte o relator, Min. Gilmar Mendes, possuindo o julgado a seguinte ementa:

"Ação Direta de Inconstitucionalidade ajuizada contra a Resolução n. 336, de 2003, do Presidente do Conselho da Justiça Federal, que dispõe sobre o acúmulo do exercício da magistratura com o exercício do magistério, no âmbito da Justiça Federal de primeiro e segundo graus. 2. Alegação no sentido de que a matéria em análise já encontra tratamento na Constituição Federal (art. 95, parágrafo único, I), e caso comportasse regulamentação, esta deveria vir sob a forma de lei complementar, no próprio Estatuto da Magistratura. 3. Suposta incompetência do Conselho da Justiça Federal para editar o referido ato, porquanto fora de suas atribuições definidas no art. 105, parágrafo único, da Carta Magna. 4. Considerou-se, no caso, que o objetivo da restrição constitucional é o de impedir o exercício da atividade de magistério que se revele incompatível com os afazeres da magistratura. Necessidade de se avaliar, no caso concreto, se a atividade de magistério inviabiliza o ofício judicante. 5. Referendada a liminar, nos termos em que foi con-

---

[14] MS 24.008-3-DF, de 2.3.2005 (Luiz Fernando Vaz Cabeda *vs.* Presidente da República). Relator: Min. Sepúlveda Pertence. (DJ n. 53, Seção 1, de 18.3.2005, p. 47).

[15] V., nesta coletânea, v. 8, p. 90.

cedida pelo Ministro em exercício da presidência do Supremo Tribunal Federal, tão-somente para suspender a vigência da expressão 'único (a)', constante da redação do art. 1º da Resolução n. 336/2003, do Conselho de Justiça Federal."[16]

D. FÉRIAS COLETIVAS

O Pleno do STF considerou prejudicado pedido para que fosse declarado inconstitucional dispositivo de lei estadual que restringia o direito dos magistrados de se ausentarem de suas respectivas comarcas durante as férias coletivas. Esse entendimento decorreu de que o art. 93, XII, da Constituição, a partir da Emenda Constitucional n. 45/2004, veda esse tipo de férias e garante plantão judiciário permanente. Assim, consta da ADIn 3.085-0-CE, julgada a 17.2.2005, da relatoria do Min. Eros Grau, com o seguinte registro, *verbis*:

> *"Em virtude da superveniência da EC n. 45/2004 que, ao incluir o inciso XII ao art. 93 da CF ("a atividade jurisdicional será ininterrupta, sendo vedado férias coletivas nos juízos e tribunais de segundo grau, funcionando, nos dias em que não houver expediente forense normal, juízes em plantão permanente;"), alterou substancialmente o citado artigo que serviria de padrão de confronto com o ato impugnado, o Tribunal julgou prejudicado pedido de ação direta de inconstitucionalidade ajuizada pela Associação dos Magistrados Brasileiros — AMB contra o art. 253 da Lei n. 12.342/94, do Estado do Ceará (Código de Divisão e de Organização Judiciária), que restringe o direito dos magistrados de se ausentarem de suas comarcas durante o período de férias coletivas."*[17]

---

[16] MC em ADIn 3.126-1-DF, de 17.2.2005 (AJUFE — Associação dos Juízes Federais do Brasil *vs.* Presidente do Conselho da Justiça Federal). Relator: Min. Gilmar Mendes. (DJ n. 86, Seção 1, de 6.5.2005, p. 6).

[17] Informativo STF n. 376, de 23.2.2005, p. 2. ADIn 3.085-0-CE, de 17.2.2005 (Associação dos Magistrados Brasileiros — AMB *vs.* Governador do Estado do Ceará e Assembléia Legislativa do Estado do Ceará).Relator: Min. Eros Grau. A decisão foi publicada no DJ n. 39, Seção 1, de 28.2.2005, p. 47).

6. *SERVIDOR PÚBLICO*

A. COMPETÊNCIA

A liminar concedida pelo Min. Nelson Jobim, Presidente do STF, a 27.1.2005, na ADIn 3.395-6-DF, suspendeu a eficácia do texto promulgado pelo Parlamento de parte do inciso I do art. 114 da Constituição, conforme a redação dada pela Emenda Constitucional n. 45/2004. A decisão, altamente polêmica, manteve na Justiça Federal as ações entre o Poder Público e seus servidores regidos por regime estatutário ou jurídico-administrativo. O despacho tem o seguinte teor:

> *"1. A ASSOCIAÇÃO DOS JUÍZES FEDERAIS DO BRASIL — AJUFE — propõe a presente ação contra o inciso I do art. 114 da CF, na redação dada pela EC n. 45/2004.*
>
> *Sustenta que no processo legislativo, quando da promulgação da emenda constitucional, houve supressão de parte do texto aprovado pelo Senado.*
>
> *1. CÂMARA DOS DEPUTADOS.*
>
> *Informa que a Câmara dos Deputados, na PEC n. 96/92, ao apreciar o art. 115,*
>
> *'aprovou em dois turnos, uma redação ... que ... ganhou um inciso I...' (fls. 4 e 86).*
>
> *Teve tal dispositivo a seguinte redação:*
>
> *'Art. 115. Compete à Justiça do Trabalho processar e julgar:*
>
> *I — as ações oriundas da relação de trabalho, abrangidos os entes de direito público externo e da administração pública direta e indireta da União, dos Estados, do Distrito Federal e dos Municípios.'*
>
> *2. SENADO FEDERAL.*
>
> *A PEC, no Senado Federal, tomou número 29/200.*

Naquela Casa, a Comissão de Constituição, Justiça e Cidadania manifestou-se pela divisão da

'... proposta originária entre (a) texto destinado à promulgação e (b) texto destinado ao retorno para a Câmara dos Deputados' (Parecer 451/04, fls. 4, 177 e 243).

O SF aprovou tal inciso com acréscimo.

O novo texto ficou assim redigido:

'Art. 114. Compete à Justiça do Trabalho processar e julgar:

I — as ações oriundas da relação de trabalho, abrangidos os entes de direito público externo e da administração pública direta e indireta da União, dos Estados, do Distrito Federal e dos Municípios, EXCETO OS SERVIDORES OCUPANTES DE CARGOS CRIADOS POR LEI, DE PROVIMENTO EFETIVO OU EM COMISSÃO, INCLUÍDAS AS AUTARQUIAS E FUNDAÇÕES PÚBLICAS DOS REFERIDOS ENTES DA FEDERAÇÃO'. (fls 4 e 280).

Informa, ainda, que, na redação final do texto para promulgação, nos termos do parecer n. 1.747 (fl. 495), a parte final acima destacada foi suprimida.

Por isso, remanesceu, na promulgação, a redação oriunda da CÂMARA DOS DEPUTADOS, sem o acréscimo.

No texto que voltou à CÂMARA DE DEPUTADOS (PEC. 358/2005), o SF fez constar a redação por ele aprovada, com o referido acréscimo (Parecer 1748/04, fls. 502).

Diz, mais, que a redação da EC n. 45/2004, nesse inciso, trouxe dificuldades de interpretação ante a indefinição do que seja 'relação de trabalho'.

Alega que há divergência de entendimento entre os juízes trabalhistas e os federais,

'... ausente a precisão ou certeza, sobre a quem coube a competência para processar as ações decorrentes das relações de trabalho que envolvam a União, quando versem sobre servidores ocupantes de cargos criados por lei, de provimento efetivo ou em comissão, incluídas as autarquias e fundações públicas.' (fl. 7).

Em face da alegada violação ao processo legislativo constitucional, requer liminar para sustar os efeitos do inciso I do art. 114 da CF, na redação da EC n. 45/2004, com eficácia ex tunc, ou que se proceda a essa sustação, com interpretação conforme. (fl. 48).

3. DECISÃO.

A CF, em sua redação dispunha:

'Art. 114. Compete à Justiça do Trabalho conciliar e julgar os dissídios individuais e coletivos entre trabalhadores e empregadores, abrangidos os entes de direito público externo e da administração pública direta e indireta dos Municípios, do Distrito Federal, dos Estados e da União, e, na forma da lei, outras controvérsias decorrentes da relação de trabalho, bem como os litígios que tenham origem no cumprimento de suas próprias sentenças, inclusive coletivas.'

O SUPREMO, quando dessa redação, declarou a inconstitucionalidade de dispositivo da Lei n. 8.112/90, pois entendeu que a expressão 'relação de trabalho' não autorizava a inclusão, na competência da Justiça trabalhista, dos litígios relativos aos servidores públicos.

Para estes o regime é o 'estatutário e não o contratual trabalhista' (Celso de Mello, ADIn 492).

Naquela ADI, disse mais Carlos Velloso (Relator):

'...

Não com referência aos servidores de vínculo estatutário regular ou administrativo especial, porque o art. 114, ora comentado, apenas diz respeito aos dissídios pertinentes a trabalhadores, isto é, ao pessoal regido pela Consolidação das Leis do Trabalho, hipótese que, certamente, não é a presente.

...

O SF, quando apôs o acréscimo referido acima e não objeto de inclusão no texto promulgado, meramente explicitou, na linha do decidido na ADIn 492, o que já se continha na expressão 'relação de trabalho', constante da parte inicial do texto promulgado.

A REQUERENTE, porque o texto promulgado não contém o acréscimo do SF, sustenta a inconstitucionalidade formal.

Entendo não ser o caso.

A não inclusão do enunciado acrescido pelo SF em nada altera a proposição jurídica contida na regra.

Mesmo que se entendesse a ocorrência de inconstitucionalidade formal, remanesceria vigente a redação do caput do art. 114, na parte que atribui à Justiça trabalhista a competência para as 'relações de trabalho' não incluídas as relações de direito administrativo.

Sem entrar na questão da duplicidade de entendimentos levantada, insisto no fato de que o acréscimo não implica alteração de sentido da regra.

A este respeito o SUPREMO tem precedente.

Destaco do voto por mim proferido no julgamento da ADC 4, da qual fui relator:

'O retorno do projeto emendado à Casa iniciadora não decorre do fato de ter sido simplesmente emendado.

Só retornará se, e somente se, a emenda tenha produzido modificação de sentido na proposição jurídica.

Ou seja, se a emenda produzir proposição jurídica diversa da proposição emendada. Tal ocorrerá quando a modificação produzir alterações em qualquer dos âmbitos de aplicação do texto emendado: material, pessoal, temporal ou espacial.

Não basta a simples modificação do enunciado pela qual se expressa a proposição jurídica.

O comando jurídico — a proposição — tem que ter sofrido alteração.

...'

Não há que se entender que justiça trabalhista, a partir do texto promulgado, possa analisar questões relativas aos servidores públicos.

Essas demandas vinculadas a questões funcionais a eles pertinentes, regidos que são pela Lei n. 8.112/90 e pelo direito administrativo, são diversas dos contratos de trabalho regidos pela CLT.

Leio GILMAR MENDES, há

'Oportunidade para interpretação conforme à Constituição ... sempre que determinada disposição legal oferece diferentes possibilidades de interpretação, sendo algumas delas incompatíveis com a própria Constituição. .. Um importante argumento que confere validade à interpretação conforme à Constituição é o princípio da unidade da ordem jurídica ...' (Jurisdição Constitucional, São Paulo, Saraiva, 1998, págs. 222/223).

É o caso.

A alegação é fortemente plausível.

Há risco.

Poderá, como afirma a inicial, estabelecerem-se conflitos entre a Justiça Federal e a Justiça Trabalhista, quanto à competência desta ou daquela.

Em face dos princípios da proporcionalidade e da razoabilidade e ausência de prejuízo, concedo a liminar, com efeito 'ex tunc'.

Dou interpretação conforme ao inciso I do art. 114 da CF, na redação da EC n. 45/2004.

Suspendo, ad referendum, toda e qualquer interpretação dada ao inciso I do art. 114 da CF, na redação dada pela EC n. 45/2004, que inclua, na competência da Justiça do Trabalho, a

'... apreciação ... de causas que ... sejam instauradas entre o Poder Público e seus servidores, a ele vinculados por típica relação de ordem estatutária ou de caráter jurídico-administrativo'

Publique-se.[18]

1 VOTO DE CELSO MELLO, ADIn 492, fls. 157.

Com efeito, todos os processos em que questiona matéria relacionada com servidor público, mediante ações ajuizadas na Justiça do Trabalho a partir da Emenda Constitucional n. 45/2004, estão suspensos, conforme se constata da decisão da MC em RECL 3.183-7-PA, proferida pelo Min. Joaquim Barbosa, a 7.4.2005, *verbis*:

O MUNICÍPIO DE BELÉM ajuizou a presente reclamação em que alega ofensa à autoridade de decisões desta Corte pelo juízo da 11ª Vara trabalhista de Belém, PA, na qual tramita ação civil pública contra o reclamado cujo pedido, em resumo, é (i) a anulação de contratos de trabalho com procuradores jurídico não resultantes da celebração de concurso público, (ii) provimento de cargos de procurador municipal pelos aprovados em concurso público, (iii) condenação do prefeito do município nos termos da Lei de improbidade administrativa.

O reclamante descreve os fatos nos seguintes termos (fls. 2):

'...

1. O Ministério Público do Trabalho aforou Ação Civil Pública com Pedido de Liminar contra o Município de Belém e seu prefeito Duciomar Gomes da Costa (proc. n. 00226-2005-011-08-00), com tramitação perante o Juízo da 11ª Vara Trabalhista de Belém-PA, ora Reclamado, tratando de matéria inerente à

[19] ADIN 3.395-6-DF, de 27.1.2005 (Associação dos Juízes Federais do Brasil — AJUFE *vs.* Congresso Nacional) Relator: Min. Cezar Peluso (DJ n. 25, Seção 1, de 4.2.2005, pp. 2-3).

relação da Prefeitura Municipal de Belém com os servidores públicos municipais, com a devida solicitação de condenação por uma suposta improbidade administrativa do Prefeito Municipal de Belém, como se comprova da cópia do pedido exordial (Doc. 1).

2. De forma manifestamente contrária ao determinado na decisão liminar proferida na ADIn 3395, ... o Juízo da 11ª Vara Trabalhista de Belém-PA, sem ouvir o ora Reclamante (violação da Lei n. 8.437/92, art. 2º), concedeu liminar interferindo nas relações da PMB e seus servidores, como se comprova da liminar anexa (Doc. 2)

....

Da documentação anexa constam cópias: (i) da inicial da ação civil pública movida pelo Ministério Público do Trabalho (fls. 11-32); (ii) da decisão do juízo reclamado em que defere o pedido de liminar em 2.3.2005 (fls. 34-36); (iii) inicial de mandado de segurança ajuizado na justiça estadual por pessoas aprovadas no concurso da prefeitura para provimento de cargos de procurador jurídico municipal, em que foi requerida a imediata nomeação dos impetrantes e exoneração de ocupantes, a título temporário, da função de procurador do município (fls. 38-62); (iv) da decisão do juízo da 21ª Vara Cível da Comarca de Belém no mandado de segurança referido, deferindo o pedido de liminar, para 'que autoridade impetrada se abstenha de nomear a título precário (temporário/comissionado) para o cargo de Procurador Jurídico Municipal ou qualquer outro cargo que desempenha as mesmas funções do cargo de procurador, enquanto não forem nomeados todos os aprovados no certame' sem determinar o afastamento dos que ocupam função semelhante a título temporário (fls. 65).

O reclamante sustenta que o juízo reclamado, ao conceder liminar em ação civil pública ajuizada pelo Ministério Público do Trabalho, teria contrariado as decisões do STF nas ADIns 2.797 e 3.395.

Em 18.3.2005 (fls. 68) solicitei esclarecimentos à reclamante, que os apresentou em 05.04.2005, afirmando que a carreira de Procurador do Município é disciplinada pela Lei municipal n. 8.109/2001 e que o concurso público foi realizado nos termos dessa norma, implicando a progressiva extinção dos cargos comissionados existentes (fls. 71-74).

É o relatório. Decido sobre o pedido de liminar.

Sobre a alegada ofensa ao decidido por esta Corte na ADIn 2.797, decidi questão semelhante nos autos da Rcl 2.709, com as seguintes considerações:

'Por outro lado, é de se perquirir se a decisão tomada por esta Corte na Rcl 2.381-AgR seria efetivamente aplicável ao caso ora sob exame. Tratava-se, naquele julgamento, de reclamação ajuizada por Senador da República contra condução de procedimento investigatório pelo Ministério Público de Minas Gerais por supostos atos de improbidade administrativa, situação que nos termos da legislação atacada na ADIn 2.797 atrairia a competência do STF. Neste caso, tratando-se de ação de improbidade movida contra prefeito municipal não se aplicaria o julgado mencionado.

Em última análise, discute-se nestes autos a possibilidade de os tribunais inferiores exercerem o controle difuso de constitucionalidade na pendência de decisão definitiva de mérito, por parte desta Corte, em controle concentrado.

A esse respeito, entendo como aplicáveis as considerações do eminente ministro Carlos Velloso, ao decidir hipótese semelhante à destes autos (despacho na Rcl 2.702, rel. Min. Carlos Velloso, DJ 2.8.2004):

'Tendo em vista a decisão do eminente Ministro Galvão, sustenta o ora reclamante que as decisões proferidas nos autos da ação civil pública por improbidade administrativa afrontam a mencionada decisão do Ministro Ilmar Galvão.

Não tenho como ocorrente, no caso, os pressupostos constitucionais da reclamação: usurpação da competência do Supremo Tribunal Federal ou desrespeito a sua decisão.

É que a decisão do Ministro Galvão simplesmente indeferiu a medida cautelar. Não foi declarada, com tal decisão, a constitucionalidade da lei. Indeferida a cautelar, a lei tem vigência, é certo. Todavia, o fato de órgãos do judiciário deixarem de aplicá-la, sobre o fundamento de que é ela inconstitucional, não significa que estaria sendo descumprida a decisão do Supremo Tribunal Federal. O contrário, vale dizer, tivesse o Supremo Tribunal Federal deferido a cautelar, para o fim de suspender a eficácia da lei, e se fosse ela aplicada por órgão do Judiciário, aí, sim, estaria sendo descumprida a decisão do Supremo Tribunal, tendo em vista o seu efeito vinculante. O indeferimento da cautelar fundou-se em razão de conveniência, certo, de outro lado, que referida decisão não foi referendada pelo Plenário da Corte.

É viável, pois, o prosseguimento, nas instâncias inferiores, do controle difuso de constitucionalidade de leis ou atos normativos atacados pela via concentrada nas hipóteses de indeferimento da medida cautelar prevista no art. 10 da Lei n. 9.868/1999.'

Entendo que à hipótese se aplicam essas considerações, para concluir, para os efeitos da apreciação de pedido de liminar, que a aplicação a prefeito municipal, por juízo de primeira instância, das sanções previstas na Lei de improbidade, não ofende, a priori, a autoridade da decisão da Corte na ADIn 2.797. Nesse sentido, entendo que não ocorreria, dentro dos restritos limites da via da reclamação perante o STF, o requisito do fumus boni iuris por esse fundamento (autoridade da decisão na ADIn 2.797).

Já em relação à alegada ofensa à autoridade da decisão em pedido de liminar na ADIn 3.395, a decisão do juízo reclamado registra que a circunstância do deferimento da liminar na ADIn 3.395 'não afasta a competência material da justiça do trabalho não só pela elasticidade do conceito de relações trabalho ... como também pelo fato de que, sem que se atente contra a medida liminar na ação cautelar da ADIn já mencionada, a jurisdição trabalhista deve ser aplicada quando se trata de contratação irregular...' (fls. 35).

A decisão deste tribunal na ADIn 3.395 é do seguinte teor:

'A alegação é fortemente plausível.

Há risco.

Poderá, como afirma a inicial, estabelecerem-se conflitos entre a Justiça Federal e a Justiça Trabalhista, quanto à competência desta ou daquela.

Em face dos princípios da proporcionalidade e da razoabilidade e ausência de prejuízo, concedo a liminar, com efeito 'ex tunc'.

Dou interpretação conforme ao inciso I do art. 114 da CF, na redação da EC n. 45/2004.

Suspendo, ad referendum, toda e qualquer interpretação dada ao inciso I do art. 114 da CF, na redação dada pela EC n. 45/2004, que inclua, na competência da Justiça do Trabalho, a

'... apreciação ... de causas que ... sejam instauradas entre o Poder Público e seus servidores, a ele vinculados por típica relação de ordem estatutária ou de caráter jurídico-administrativo'.

As razões da decisão do juízo reclamado parecem não ser suficientes para abrir exceção à interpretação fixada em liminar pelo STF na ADIn em questão.

Do exposto, defiro o pedido de liminar para determinar a suspensão do curso do processo 00226.2005.011.08.00.3, em curso na 11ª Vara Trabalhista de Belém, e dos efeitos da liminar nele deferida.

Comunique-se com urgência ao juízo reclamado, inclusive por fax, conforme requerido a fls. 74, solicitando-se as informações.

Decorrido o prazo para as informações, independentemente de seu recebimento, abra-se vista ao Procurador-Geral da República.

Publique-se."[19]

Ademais, os efeitos da liminar presidencial projetam-se, também, nas questões envolvendo servidores temporários[20], como, em cautelar, decidiu o Min. Nelson Jobim, Presidente da Suprema Corte, na MC em RECL 3.431-3-PA, a 26.6.2005, da qual é relator o Min. Carlos Ayres de Britto, como segue:

"JOAQUIM DE LIRA MAIA, ex-Prefeito Municipal de Santarém, ajuíza reclamação, com pedido de liminar, contra ato da Juíza substituta da Vara Única do Trabalho de Santarém, TRT 8ª Região, que admitiu o processamento da Ação Civil Pública por improbidade administrativa contra ele proposta.

Resumo o caso.

No ano de 1997, o Ministério Público do Trabalho ajuizou ação civil contra o Município de Santarém, por descumprimento de norma constitucional referente ao concurso público (fls. 54/58).

Em audiência realizada em 26.5.1997, as partes celebraram um acordo, no qual o Município se comprometeu a não mais contratar empregados públicos sem a realização de concurso, nos termos da CF (fl. 450/452).

Em 16.11.2004, o Ministério Público tomou conhecimento de que o Município, na gestão do ex-Prefeito Joaquim de Lira Maia, teria reincidido na prática de contratar irregularmente empregados públicos (menção à fl. 30).

---

[19] MC em RECL 3.183-7-PA, de 7.4.2005 (Município de Belém *vs.* Juiz do Trabalho da 11ª Vara do Trabalho de Belém (Proc. n. 00226-2005-011-08-00-3). Interessados: Ministério Público do Trabalho e Duciomar Gomes da Costa). Relator: Min. Joaquim Barbosa (DJ n. 73, Seção 1, de 5.4.05, pp. 44-5).

[20] Sobre temporários, v., nesta coletânea, v. 3, p. 76.

Por essa razão, em 5.5.2005, o Ministério Público do Trabalho ajuizou nova ação civil pública perante a Justiça do Trabalho de Santarém (fls. 29/52)'.

Em 8.6.2005, aquele juízo deferiu o pedido de antecipação de tutela, nestes termos:

'...

Ante o exposto, decido:

— declarar incidenter tantum a inconstitucionalidade a Lei n. 10.628/2002, no que tange ao acréscimo do § 2º do art. 84 do Código de Processo Penal;

— declarar a indisponibilidade dos bens do requerido JOAQUIM DE LIRA MAIA, para garantir o cumprimento da presente ordem, proceda-se ao bloqueia das contas correntes do réu, através do BACENJUD, expeça-se ofícios ao DETRAN e Cartórios de Registros de Imóveis das cidades de Santarém e Belém determinando a averbação da indisponibilidade.

Oficie-se, ainda, a Receita Federal requisitando cópias das declarações de imposto de renda do réu desde o exercício de seu primeiro mandato.

— Determinar ao Município de Santarém que se abstenha de realizar qualquer contratação de empregado sem a realização de concurso público, sob pena de pagamento dc multa de R$ 1.000,00 por dia de descumprimento.

Pelo descumprimento de quaisquer obrigações determinadas na presente decisão, com fulcro no art. 14, parágrafo único do Código de Processo Civil, de aplicação subsidiária ao processo trabalhista autorizada pelo art. 769 da CLT, comino multa de 10% sobre o valor da causa, sem prejuízo das demais.

....' (fl. 246).

Em 29.6.2005, foi realizada audiência inaugural, na qual foi decretada a revelia do reclamante por irregularidade na sua representação processual (fls. 446/448).

Nessa mesma audiência, foi designado o encerramento da instrução para o dia 27.7.2005, às 8:00h.

É contra o processamento dessa ação a presente reclamação (fls. 2/25).

O reclamante alega ofensa à decisão proferida na ADIn 3.395-MC, pois a Justiça do Trabalho seria incompetente para processar e julgar a referida ação.

Em 29.6.2005, o Relator, Ministro CARLOS BRITTO, assim despachou:

'..

Da leitura da inicial, infere-se que o reclamante rechaça a alegação ministerial pública de que o Município de Santarém 'teria reincidido em sua prática de contratar irregularmente empregados públicos, eis que agora teria 2.399 servidores temporários'. Daí sustentar que a arregimentação desses agentes públicos se lastreou em leis municipais que autorizaram a contratação por tempo determinado para atender necessidades temporárias de excepcional interesse público.

Se assim é, intime-se o requerente para que junte, no prazo de 10 (dez) dias, cópia dos contratos individuais de Direito Administrativo celebrados entre o Município de Santarém e os mencionados servidores públicos (inciso IX do art. 37 da Carta-cidadã).

Após, decidirei sobre o pedido de medida liminar.

..' (fl. 384).

Vieram as cópias requeridas (fls. 681/771).

Decido'.

Em 27.1.2005, deferi, ad referendum, a medida cautelar na ADIn 3.395, para suspender toda e qualquer interpretação dada ao inciso I do art. 114 da CF (na redação da EC n. 45/2004), que inclua, na competência da Justiça do Trabalho, a apreciação de causas instauradas entre o Poder Público e seus servidores, a ele vinculados por típica relação de ordem estatutária ou de caráter jurídico-administrativo.

A ação civil pública, proposta em 5.5.2005, visa a apurar a regularidade dos contratos temporários realizados pelo Município de Santarém.

Em exame preliminar, verifico que esses contratos são de natureza estatutária.

Isso porque foram celebrados sob as regras da Lei Municipal n. 14.899/94, com suas alterações, que dispõe sobre o Regime Jurídico Único do Município de Santarém (fls. 649/679).

Esse fato atrai a competência da Justiça comum para processar e julgar a referida ação.

Assim, em prévio exame, entendo que o processamento da ação civil, perante a Justiça do Trabalho, está em confronto com o entendimento fixado na ADIn 3.395-MC.

Assim também entenderam JOAQUIM BARBOSA e CARLOS BRITTO deferiram liminares nas RCL 3183 e 3303, respectivamente.

Presente, portanto, o fumus boni iuris.

O periculum in mora é evidente diante da designação da audiência de encerramento da instrução processual, para o dia 27.7.2005, às 8:00h (fl. 448).

Ante o exposto, defiro a liminar para suspender processamento da Ação Civil Pública 00777.2005.1.09.0800-9.

Comunique, com urgência, o teor desta decisão à Vara Única do Trabalho de Santarém, TRT 8ª Região.

Solicitem-se informações.

Após, manifeste-se o PGR.

Publique-se."[21]

B. DEMISSÃO. PROCESSO VÁLIDO. COMPETÊNCIA PARA DEMITIR

Desde que se garanta o devido processo legal, o contraditório e a ampla defesa, pode o Presidente da República delegar competência a Ministro de Estado para demitir servidor público. É esse o entendimento do Pleno do STF, ao julgar, a 7.4.2005, o RO em MS 24.128-8-DF, relatado pelo Min. Sepúlveda Pertence, com a seguinte ementa:

"1. Demissão: ocupante do cargo de Policial Rodoviário Federal: processo administrativo disciplinar que se desenvolveu validamente, assegurados ao acusado o devido processo legal, o contraditório e a ampla defesa.

2. Presidente da República: competência para prover cargos públicos (CF, art. 84, XXV, primeira parte), que abrange a de

[21] MC em RECL 3.431-3-PA, de 26.6.2005. (Joaquim de Lira Maia vs. Juíza do Trabalho da Vara Única do Trabalho de Santarém (Processo n. 00777.2005.1.09.0800-9). Interessados: Ministério Público do Trabalho da 8ª Região e Município de Santarém). Relator: Min. Carlos Britto. (DJ n. 151, Seção 1, de 8.8.2005, p. 23). No mesmo sentido: MC em RECL 3.849-1-PA, de 30.9.2005 (Município de Santarém *vs.* Juiz do Trabalho da Vara Única do Trabalho de Santarém (Proc. n. 1425/2005). Interessado: Raimundo Pereira). Relator: Min. Sepúlveda Pertence. (DJ n. 193, Seção 1, de 6.10.2005, p. 18); MC em RECL 3.737-1-PA, de 18.8.2005 (Município de Santarém *vs.* Juiz do Trabalho da Vara Única do Trabalho de Santarém). Relator: Min. Ellen Gracie. (DJ n. 163, Seção 1, de 24.8.2005, pp. 13-4).

desprovê-los a qual, portanto é susceptível de delegação a Ministro de Estado (CF, art. 84, parágrafo único): validade da Portaria do Ministro de Estado que — à luz do Decreto n. 3.035/99, cuja constitucionalidade se declara — demitiu o recorrente.[22]

C. DESVIO TEMPORÁRIO DE FUNÇÃO[23]

O trabalhador, inclusive o servidor público, que é o caso deste precedente, tem direito à diferença das remunerações decorrentes de desvio de função, ainda que temporário, sendo, *in casu*, dispensável concurso público. É o que decidiu o Min. Sepúlveda Pertence, a 15.3.2005, ao apreciar o AI 538.917-7-AL, *verbis*:

"Agravo de instrumento de decisão que inadmitiu RE, a, contra acórdão do Tribunal Superior do Trabalho, assim ementado:

AGRAVO DE INSTRUMENTO EM RECURSO DE REVISTA — DA ALEGADA VIOLAÇÃO AO PRINCÍPIO DA AMPLA DEFESA PELO DESPACHO AGRAVADO.

Não há que se falar em violação ao princípio da ampla defesa pela decisão agravada, pois compete ao Juízo de origem a análise relativa ao preenchimento dos pressupostos intrínsecos e extrínsecos do recurso de revista, por força do disposto no art. 896, §1º, da CLT — entre os quais inclui, no processo de conhecimento, a comprovação da violação constitucional e legal, além do dissenso pretoriano eventualmente denunciado.

HORAS EXTRAS — ÔNUS DA PROVA — INEXISTÊNCIA DE IMPUGNAÇÃO AOS CARTÕES DE PONTO.

Para se chegar à conclusão diversa do acórdão recorrido, no sentido de que o depoimento da testemunha trazida pela reclamante não é suficiente para invalidar os cartões de ponto, ou se estes conduzem ou não com a realidade, necessário seria reexaminar o conjunto de prova dos autos, procedimento que já se esgotou no duplo grau de jurisdição, sendo vedado nesta fase recursal pelo Enunciado n. 126/TST. Conseqüentemente, não há como se aferir a violação aos arts. 818 da CLT, 333, I, do CPC e aos princípios da legalidade e da ampla defesa, tampouco a divergência jurisprudencial.

---

[22] RO em MS 24.128-8-DF, de 7.4.2005 (Ozéas das Neves do Nascimento *vs.* União). Relator: Min. Sepúlveda Pertence (DJ n. 125, Seção, 1, de 1.7.2005, p. 7).

[23] Sobre desvio de função no serviço público, v., nesta coletânea, v. 5, p. 122.

Com relação à questão da falta de impugnação dos cartões de ponto pela autora, não se vislumbra afronta aos arts. 372 e 390 do CPC, uma vez que, nos termos do En. n. 221/TST, se apresenta razoável o entendimento do Regional quando assevera que descabe falar-se na afronta direta à lei federal pelo fato de não haver a reclamante questionado acerca da existência de vícios ou invalidade nos registros de horários fornecidos pela empresa, considerando a ineficácia probatória de tais registros dada a invariabilidade desses lançamentos, consoante acima ressaltado.

DIFERENÇAS SALARIAIS — DESVIO TEMPORÁRIO DE FUNÇÃO.

Não se pode invocar a aplicação do art. 37, II, da CF, pois, conforme asseverou o acórdão recorrido, em nenhum momento a reclamante pleiteou a mudança do cargo de ASG (Auxiliar de Serviços Gerais) para Escriturária, o que houve foi o reconhecimento de diferenças salariais, em caráter temporário e precário, oriundas do exercício de funções diversas daquelas em que a obreira foi originalmente contratada. No tocante à divergência jurisprudencial, os arestos trazidos a confronto são inservíveis, pois o de fl. 422 é oriundo do STF e os demais são provenientes de turmas desta Corte, não se enquadrando, portanto, nas hipóteses previstas na alínea a do art. 896 da CLT.

Agravo a que se nega provimento.

Alega-se violação dos artigos 5º, II, XXXVI e LV, e 37, II, da Constituição Federal.

Não tem razão o agravante.

Quanto aos incisos mencionados do art. 5º da CF, o acórdão recorrido restringiu-se a analisar aspectos de ordem processual, relativos aos requisitos de admissibilidade de recurso trabalhista, bem como a aplicar a legislação infraconstitucional pertinente ao caso: a alegada violação dos dispositivos constitucionais apontados no recurso extraordinário seria — se ocorresse — indireta ou reflexa, que não enseja reexame pela via extraordinária, conforme copiosa jurisprudência deste Tribunal: incide, mutatis mutandis, o princípio da Súmula-STF n. 636.

Quanto ao art. 37, II da CF, a decisão atacada não divergiu da jurisprudência desta Corte, que entende ter o servidor direito de receber como indenização, ao trabalhar em desvio de função, a diferença das remunerações, sob pena de enriquecimento sem causa do Estado. É o que se extrai do julga-

mento dos RE 191.278, Marco Aurélio, 2ª T, DJ 17.8.2001; RE 314.973-AgR, Maurício Corrêa, 2ª T, DJ 25.4.2003 RE 275.840; e Maurício Corrêa (red. p/ acórdão Marco Aurélio), 2ª T, DJ 1.6.2001, este último com a seguinte ementa:

'DESVIO DE FUNÇÃO — CONSEQÜÊNCIA REMUNERATÓRIA — ENRIQUECIMENTO SEM CAUSA — AFASTAMENTO. O sistema da Constituição Federal obstaculiza o enriquecimento sem causa, especialmente o do Estado. Longe fica de vulnerar a Carta Política acórdão que, diante de desvio de função, implica o reconhecimento do direito à percepção, como verdadeira indenização, do valor maior, sem estampar enquadramento no cargo, para o que seria indispensável o concurso público'.

Ademais, para se entender que o exercício de função diversa da agravada não foi de caráter temporário e configurou investidura em novo cargo sem concurso, seria necessário o reexame das provas e dos fatos em que se fundamentou o acórdão recorrido. Firme a jurisprudência deste Tribunal no sentido de que o RE não se presta a tal finalidade (Súmula n. 279).

Nego provimento ao agravo."[24]

D. EXTINÇÃO DE GRATIFICAÇÃO E VANTAGENS

Pode a lei extinguir gratificação e vantagens dadas a servidor público, desde que seja preservado o montante global de sua remuneração, conforme decidido pela 2ª Turma do STF, a 1.2.2005, no RE 344.450-6-DF, relatado pela Min. Ellen Gracie, com o seguinte teor:

"RECURSO EXTRAORDINÁRIO — CONSTITUCIONAL — ADMINISTRATIVO — SERVIDOR PÚBLICO — POLÍCIA CIVIL — DISTRITO FEDERAL — REGIME DE VENCIMENTOS.

1. Lei n. 9.264/96 que modificou a organização da Carreira de Policial Civil do Distrito Federal até então regida pelo Decreto-Lei n. 2.266/85. Disposição do art. 9º que concedeu aos policiais a faculdade de escolher se permaneceriam no regime anterior ou se ingressariam na nova fórmula de cálculo.

---

[24] AI 538.917-7-AL, de 15.3.2005 (Banco do Nordeste do Brasil S/A — BNB *vs.* Gilvânia Ferreira da Rocha Melo). Relator: Min. Sepúlveda Pertence (DJ n. 62, Seção 1, de 1.4.2005, p. 112).

2. Não ofende o princípio da irredutibilidade de vencimentos lei que extingue gratificações e vantagens, mas preserva o montante global da remuneração do servidor. A Lei n. 9.264/96, ao permitir que o servidor optasse em ingressar no novo regime, evitou possível redução remuneratória.

3. É inviável ao Poder Judiciário substituir o legislador e conceder aumento de remuneração de servidores públicos, com fundamento no princípio da isonomia (Súmula STF n. 339). Precedente RE 289.320, rel. Min. Moreira Alves, DJ de 9.8.2002.

4. Recurso extraordinário conhecido e improvido."[25]

E. GREVE.[26] INCOMPETÊNCIA DO STF PARA APRECIAR LEGALIDADE

Não é do Excelso Pretório, mas do Tribunal de Justiça do respectivo Estado a competência para apreciar a legalidade de greve de servidor público estadual. Assim consta da decisão proferida a 23.5.2005, na RECL 3.322-8-PB, pelo Min. Eros Grau, *verbis:*

"1. O Sindicado dos Servidores do Poder Judiciário do Estado da Paraíba — SINJEP ajuíza reclamação, com pedido de liminar, contra decisão proferida pelo Desembargador do TJ/PB, José Rodrigues de Ataíde, que, nos autos da Petição n. 999.2005.000445-9/001, proferiu decisão concedendo medida antecipatória tendente a impedir a deflagração, pelos servidores do Judiciário paraibano, de movimento paredista, e fixando multa cominatória para a hipótese de descumprimento.

2. O reclamante sustenta que a pendência do MI n. 689, no qual se pleiteia o deferimento do uso, por parte dos servidores públicos, da Lei n. 7.783/89 — Lei de Greve da iniciativa privada —, acarreta a incompetência do Tribunal de Justiça do Estado da Paraíba para o pronunciamento pertinente à matéria.

3. Acrescenta que a Petição acima referida foi subscrita pelo Estado da Paraíba atendendo a pedido do próprio Presi-

[25] RE 344.450-6-DF, de 1.2.2005 (Wagner Meirêncio da Silva e outros *vs.* Distrito Federal). Relator: Min. Ellen Gracie (DJ n. 38, Seção 1, de 25.2.2005, p. 35).

[26] V., sobre greve no serviço público, v. 2, p. 90, v. 6, p. 59, e v. 7, p. 41. V., também, o meu *Globalização & desemprego* ... cit., pp. 98-105.

dente do Tribunal de Justiça local [fl. 30], o que evidencia a patente suspeição de todos os membros do Tribunal da Paraíba para atuar na causa proposta pelo Estado.

4. É o relatório. Decido.

5. A existência do MI n. 689, ao contrário do que afirma o reclamante, não tem a virtude de subtrair do Tribunal de Justiça do Estado da Paraíba a competência para se pronunciar a respeito da legalidade de eventuais movimentos grevistas deflagrados pelos servidores estaduais.

6. A reclamação tem por objetivo preservar a competência desta Corte — definida pela própria Constituição — e a autoridade de suas decisões.

7. Assim, não sendo esta Corte competente para se pronunciar a respeito da legalidade da greve levada a efeito pelos servidores públicos estaduais, inexiste a usurpação de sua competência. Não se pode concluir que a pendência, neste Tribunal, de apreciação de determinada questão afaste a competência de outras Cortes para apreciação de matérias correlatas.

8. De outro lado, no que se refere à alegada suspeição de todos os membros do Tribunal de Justiça paraibano, é indispensável o processamento do incidente processualmente previsto perante o Tribunal excepto. A esse respeito, assim se pronunciou o Ministro Marco Aurélio no julgamento da Rcl n. 685: Os reiterados pronunciamentos desta Corte acabaram por conferir alcance de verdadeira exceção à alínea "n" do inciso I do artigo 102 da Constituição Federal, no que prevê a competência do Supremo Tribunal Federal para processar e julgar, originariamente, "a ação em que todos os membros da magistratura sejam direta ou indiretamente interessados, e aquela em que mais da metade dos membros do tribunal de origem estejam impedidos ou sejam direta ou indiretamente interessados. É que ocorre o deslocamento do processo sem que se percorram, até a chegada a esta Corte, os patamares reveladores da organização do próprio Judiciário. Portanto, de acordo com essa jurisprudência sedimentada, na hipótese de impedimento ou de suspeição, indispensável é que assim se declare o juiz envolvido na espécie. [...] [Rcl n. 685, Relator o Ministro Marco Aurélio, DJ de 12.4.2002]

Ante o exposto, por considerá-la manifestamente improcedente, nego seguimento a esta Reclamação [RISTF, artigo 21, § 1º] e determino o seu arquivamento.

Publique-se."[27]

F. TRABALHO TEMPORÁRIO

A maioria do Pleno do STF, vencido o Relator original, Min. Marco Aurélio, na ADIn 3.068-0-DF, tendo sido prolator do acórdão o Min. Eros Grau, reconheceu a Excelsa Corte, a 25.8.2004, que o art. 37, IX, da Constituição, permite a contratação de servidor temporário sem concurso, em homenagem ao princípio da continuidade da atividade estatal. A ementa do julgado é a seguinte:

"AÇÃO DIRETA DE INCONSTITUCIONALIDADE — LEI N. 10.843/04 — SERVIÇO PÚBLICO — AUTARQUIA — CADE — CONTRATAÇÃO DE PESSOAL TÉCNICO POR TEMPO DETERMINADO — PRINCÍPIO DA CONTINUIDADE DA ATIVIDADE ESTATAL — CONSTITUCIONALIDADE — ART. 37, IX, DA CB/88.

1. O art. 37, IX, da Constituição do Brasil autoriza contratações, sem concurso público, desde que indispensáveis ao atendimento de necessidade temporária de excepcional interesse público, quer para o desempenho das atividades de caráter eventual, temporário ou excepcional, quer para o desempenho das atividades de caráter regular e permanente.

2. A inércia da Administração Pública não pode ser punida de modo a causar dano ao interesse público, que deve prevalecer em risco a continuidade da atividade estatal.

3. Ação direta julgada improcedente."[28]

---

[27] RECL 3.322-8-PB, de 23.5.2005 (Sindicato dos Servidores do Poder Judiciário do Estado da Paraíba — SINJEP *vs.* Relator da Ação Declaratória n. 999.2005.000445-9/001 do Tribunal de Justiça do Estado da Paraíba. Interessado: Estado da Paraíba). Relator: Min. Eros Grau (DJ n.103, Seção 1, de 1.6.2005, pp. 15-6).

[28] ADIn 3.068-0-DF, de 25.8.2004 (Partido da Frente Liberal — PFL *vs.* Presidente da República e Congresso Nacional). Redator Para Acórdão: Min. Eros Grau. (DJ n. 194, Seção 1, de 7.10.2005, pp. 2-3).

G. VANTAGEM PECUNIÁRIA. RESERVA LEGAL

Reajuste salarial concedido a trabalhador privado não pode ser estendido, por via judicial, a servidores públicos, em respeito aos princípios da separação dos poderes e da reserva legal. É a posição expressada pelo STF, através de decisão do Min. Celso de Mello, de 28.2.2005, no AI 533.705-2-DF, cuja ementa é seguinte:

"CONCESSÃO, POR LEI, AOS TRABALHADORES DO SETOR PRIVADO, DE REAJUSTE DE 10,87% (LEI N. 10.192/2001) — PRETENDIDA EXTENSÃO JURISDICIONAL, AOS SERVIDORES PÚBLICOS, DESSE REAJUSTE SALARIAL — INADMISSIBILIDADE — RESERVA DE LEI E POSTULADO DA SEPARAÇÃO DE PODERES — AGRAVO IMPROVIDO.

— O Poder Judiciário — que não dispõe de função legislativa — não pode conceder, a servidores públicos, sob fundamento de isonomia, mesmo que se trate de hipótese de exclusão de benefício, a extensão, por via jurisdicional, de determinado reajuste salarial que foi exclusivamente outorgado aos trabalhadores do setor privado. Precedentes. Doutrina.

— A Súmula n. 339 do Supremo Tribunal Federal — que consagra específica projeção do princípio da separação de poderes — foi recebida pela Carta Política de 1988, revestindo-se, em conseqüência, de plena eficácia e de integral aplicabilidade sob a vigente ordem constitucional. Precedentes."

Eis o inteiro teor da decisão:

"A controvérsia jurídico-constitucional suscitada no recurso extraordinário a que se refere o presente agravo de instrumento — extensão, aos servidores públicos, do percentual de 10,87% concedido, aos trabalhadores da iniciativa privada, pela Lei n. 10.192/2001 — já foi dirimida por ambas as Turmas do Supremo Tribunal Federal (RMS 24.651/DF, Rel. Min. Marco Aurélio — RE 395.921-AgR/DF, Rel. Min. Carlos Velloso — RE 413.983-AgR/DF, Rel. Min. Carlos Velloso, v.g.):

'CONSTITUCIONAL. ADMINISTRATIVO. SERVIDOR PÚBLICO: VENCIMENTOS, REAJUSTE. MEDIDA PROVISÓRIA N. 1.053/95, CONVERTIDA NA LEI N. 10.192/2001, ART. 9º.

I. Reajuste salarial concedido aos trabalhadores da iniciativa privada. Impossibilidade de sua extensão aos servidores públicos: CF, art. 37, X (lei específica); Súmula n. 339-STF.

II. — Agravo não provido.' (AI 454.705-AgR/DF, Rel. Min. Carlos Velloso — grifei).

Cabe ressaltar que essa orientação vem sendo observada em sucessivas decisões — monocráticas e colegiadas — proferidas no âmbito desta Suprema Corte (AI 460.291-AgR/DF, Rel. Min. Carlos Velloso — AI 471.972-AgR/DF, Rel. Min. Carlos Velloso — RE 395.914/PR, Rel. Min. Ellen Gracie — RE 395.959/DF, Rel. Min. Ellen Gracie — RE 396.001/DF, Rel. Min. Ellen Gracie — RE 415.457/DF, Rel. Min. Celso de Mello — RE 419.939/DF, Rel. Min. Cezar Peluso, v.g.).

O exame da presente causa — considerados os precedentes jurisprudenciais referidos — evidencia que não assiste razão à parte ora agravante, pois não se revela constitucionalmente possível, ao Poder Judiciário, estender, em sede jurisdicional, aos servidores públicos, determinado reajuste salarial (10,87%), somente passível de concessão, quanto a eles, mediante lei.

Como se sabe, a disciplina jurídica da remuneração devida aos agentes públicos em geral está sujeita ao princípio da reserva absoluta de lei. Esse postulado constitucional submete, ao domínio normativo da lei formal, a veiculação das regras pertinentes ao instituto do estipêndio funcional.

O princípio da divisão funcional do poder impede que, estando em plena vigência o ato legislativo, venham, os Tribunais, a ampliar-lhe o conteúdo normativo e a estender a sua eficácia jurídica a situações subjetivas nele não previstas, ainda que a pretexto de tornar efetiva a cláusula isonômica inscrita na Constituição.

Cumpre insistir, neste ponto, na asserção de que o Poder Judiciário — que não dispõe de função legislativa — não pode conceder, a servidores públicos, civis ou militares, sob fundamento de isonomia, extensão de vantagens pecuniárias que foram outorgadas, por lei, somente aos trabalhadores do setor privado, sob pena de transgressão ao princípio da reserva absoluta de lei.

Não constitui demasia observar, a propósito do que consagra a Súmula n. 339/STF, que a reserva de lei — consoante adverte Jorge Miranda ('Manual de Direito Constitucional', tomo V/217-220, item n. 62, 2ª ed., 2000, Coimbra Editora) — traduz postulado revestido de função excludente, de caráter negativo (que veda, nas matérias a ela sujeitas, como sucede no caso ora em exame, quaisquer intervenções, a título primário, de órgãos estatais não-legislativos), e cuja incidência também reforça, positivamente, o princípio que impõe, à administração e à jurisdição, a necessária submissão aos comandos fundados em norma legal, de tal modo que, conforme acentua o ilustre Professor da Universidade de Lisboa, 'quaisquer intervenções — tenham conteúdo normativo ou não normativo — de órgãos administrativos ou jurisdicionais só podem dar-se a título secundário, derivado ou executivo, nunca com critérios próprios ou autônomos de decisão' (grifei).

Não cabe, pois, ao Poder Judiciário, na matéria em questão, atuar na anômala condição de legislador positivo (RTJ 126/48 — RTJ 143/57 — RTJ 146/461-462 — RTJ 153/765 — RTJ 161/739-740 — RTJ 175/1137, v.g.), para, em assim agindo, proceder à imposição de seus próprios critérios, afastando, desse modo, os fatores que, no âmbito de nosso sistema constitucional, só podem ser legitimamente definidos pelo Parlamento.

É que, se tal fosse possível, o Poder Judiciário — que não dispõe de função legislativa (Súmula n. 339/STF) — passaria a desempenhar atribuição que lhe é institucionalmente estranha (a de legislador positivo), usurpando, desse modo, no contexto de um sistema de poderes essencialmente limitados, competência que não lhe pertence, com evidente transgressão ao princípio constitucional da separação de poderes.

Impõe-se considerar, ainda, o fato de que a Súmula n. 339 do Supremo Tribunal Federal — que consagra, na jurisprudência desta Corte, uma específica projeção do princípio da separação de poderes — foi recebida pela Carta Política de 1988, revestindo-se, em conseqüência, de plena eficácia e de integral aplicabilidade sob a vigente ordem constitucional (RMS 21.662/DF, Rel. Min. Celso de Mello).

Assentadas tais premissas, e tendo em vista o magistério jurisprudencial que esta Suprema Corte firmou na matéria em referência, impende assinalar que o exame da presente causa evidencia que o acórdão impugnado em sede recursal extraordinária ajusta-se, com integral fidelidade, ao entendimento exposto nesta decisão.

Sendo assim, e pelas razões expostas, nego provimento ao presente agravo de instrumento, eis que se revela inviável o recurso extraordinário a que ele se refere.

Publique-se."[29]

---

[29] AI 533.705-2-DF, de 28.2.2005 (Sindicato dos Trabalhadores do Poder Judiciário e do Ministério Público da União no Distrito Federal — SINDJUS/DF *vs.* União). Relator: Min. Celso de Mello (DJ n. 54, Seção 1, de 21.3.2005, p. 97).

7. *TRIÊNIO DE ATIVIDADE JURÍDICA*

A. LIMINAR CONCEDIDA

Questão altamente polêmica, e que ainda irá suscitar muitos questionamentos do Poder Judiciário brasileiro, é a regra introduzida pela Emenda Constitucional n. 45/2004, relativa ao triênio de atividade jurídica que se exige para os candidatos à Magistratura e ao Ministério Público, conforme os arts. 93, I, e 129, § 3º, da Constituição da República.

Examinando a MC em MS 25.503-0-DF, o Min. Cezar Peluso, a 8.9.2005, deferiu liminar para determinar a inscrição prévia do candidato, entendendo que o art. 129, § 3º, da Carta Magna, não prevê o triênio de atividade *privativa* de Bacharel em Direito, nem que esse período se deve contar a partir da obtenção do título. A decisão tem o seguinte teor:

> *"1. Trata-se de mandado de segurança impetrado por Angenilton Neto Viana, contra ato praticado pelo Procurador-Geral da República, presidente da comissão examinadora do 22º concurso público para provimento de cargos de Procurador da República no Ministério Público Federal, cujo edital impõe aos candidatos que atendam, 'na data da inscrição preliminar, à exigência de 3 (três) anos de atividade jurídica na condição de bacharel em direito' (fls. 02/28).*
>
> *Segundo alega o impetrante, o requisito contido no edital afrontaria o art. 129, § 3º, da Constituição Federal, com a redação da Emenda Constitucional n. 45/2004, no qual não consta a exigência de que o período de experiência jurídica seja cumprido integralmente após o bacharelado. A norma do edital não poderia impor requisitos não previstos na Constituição da República, para o que seria necessária disposição em lei, hoje inexistente. Aduz ainda que a comprovação do cumprimento dos pré-requisitos não deve ser feita no ato da inscrição, mas sim no ato da posse, momento em que o impetrante terá completado os 3 (três) anos de atividade jurídica nos termos impostos no edital.*

Pede, com base nisso, seja concedida liminar, para 'determinar que seja procedida a inscrição preliminar do impetrante no 22º Concurso Público para Provimento de Cargos de Procurador da República, independentemente da exigência contida no art. 6º, § 1º, do Edital de Abertura e art. 23, § 1º, da Resolução n. 80, de 24 de maio de 2005 do Conselho Superior do Ministério Público Federal, possibilitando-se, por conseguinte, a participação do impetrante nas demais fases do certame' (fls. 26).

2. É caso de liminar.

Neste juízo prévio e sumário, tenho por coexistentes os requisitos do fumus boni iuris e do periculum in mora, necessários à concessão da medida (art. 7º, inc. II, da Lei n. 1.533, de 31.12.51). Com efeito, é dotada de razoabilidade jurídica a alegação de que a norma do art. 129, § 3º, da Constituição da República, na redação da Emenda Constitucional n. 45/2004, não impõe que os 3 (três) anos de atividade jurídica prévia, exigidos do candidato à carreira do Ministério Público, tenham por termo inicial a aquisição do título de bacharel.

É o que também leva a crer a alteração sofrida por esse dispositivo mediante a aprovação daquela Emenda, que suprimiu a expressão 'três anos de atividade privativa de bacharel em direito', constante da PEC n. 96-A/1992. Daí, a previsão do edital parecer chocar-se com aquela norma da Constituição da República.

No tocante ao risco de dano irreparável a que está submetido o impetrante, é só notar que, sem a medida urgente pleiteada, não poderá fazer inscrição prévia para o concurso, cujo prazo se esgota no dia 8 (oito) do corrente mês (fls. 74 e 93).

3. Do exposto, defiro o pedido de liminar, a fim de autorizar a inscrição prévia do impetrante no 22º concurso para provimento dos cargos de Procurador da República, independentemente da comprovação do desempenho de atividade jurídica prévia, por 3 (três) anos integrais, na condição de bacharel. Notifique-se a autoridade coatora, também para que preste informações no prazo de 10 (dez) dias (arts. 7º, inc. I, da Lei n. 1.533, de 31.12.1951 e 203, do RISTF). Após, dê-se vista à PGR (arts. 103, § 1º, da CF, e 52, inc. IX, do RISTF).

Publique-se. Int."[30]

---

[30] MC em MS 25.503-0-DF, de 8.9.2005 (Angenilton Neto Viana *vs.* Procurador-Geral da República). Relator: Min. Cezar Peluso (DJ n. 179, Seção 1, de 16.9.05, p. 62). No mesmo sentido: MS 25.501-3-DF, de 5.9.2005. (Herbert Telles Brito e outro (a/s) *vs.* Procuradoria Geral da República). Relator: Min. Cezar Peluso. (DJ n. 175, Seção 1, de 12.9.2005, pp. 32-33).

Trata-se de posição isolada, e, a meu ver, entendo mais amplo o alcance dos preceitos constitucionais. Penso que os arts. 93, I, e 129, § 3º, quanto à exigência do triênio de atividade jurídica para o Bacharel em Direito, devem ser interpretados considerando: 1) não exigência de comprovação no ato das inscrições preliminar ou definitiva; 2) necessidade, sim, de comprovar a condição de Bacharel em Direito no ato da inscrição preliminar; 3) necessidade de comprovar a implementação do triênio de exercício de atividade de natureza técnico-jurídica, privativa ou não de Bacharel em Direito, no ato da posse; e, 4) cômputo, nesse período, do tempo em que o candidato foi provisionado ou estagiário que tenha prestado estágio forense oficial ou reconhecido pela Ordem dos Advogados do Brasil, mediante a comprovação de ter participado de pelo menos 5 (cinco) atos como advogado ou estagiário (Lei n. 8.906, de 4.7.1994), entendendo, ademais, que qualquer restrição, inclusive a própria exigência do triênio, é condicionada a lei complementar.

A intenção do Constituinte derivado foi buscar profissionais experientes e maduros para desempenho dessas altas funções do Estado. Uma (experiência) e outra (maturidade) não se conquistam aos três anos de graduação, mesmo porque nem se exige que todos os que ingressem nas universidades sejam jovens. Alguns —, é fato notório, — prestam concurso vestibular quando já acima dos 40 ou 50 anos de idade, sem que tenham seguido o curso normal da educação formal (ensino fundamental, ensino médio, ensino superior). Revezes da vida, levaram milhares de pessoas a interromper seus estudos e retornarem aos bancos escolares muitos anos depois.

Devemos refletir bastante a esse respeito e não, *data venia,* restringir exageradamente o acesso a esses cargos públicos.

E, ainda nessa linha, mas apreciando dispositivo da Lei Complementar n. 75/93 (Lei Orgânica do Ministério Público), foi afastada a exigência de dois anos de Bacharelado em Direito prevista naquela norma, aquando da inscrição preliminar para concurso público, tendo o Min. Marco Aurélio, no MS 25.326-6-DF, a 10.4.2005, concedido liminar a fim de que o candidato se submetesse à prova oral. A decisão é a seguinte:

> *"MANDADO DE SEGURANÇA — CONCURSO — REALIZAÇÃO DE PROVA ORAL — RELEVÂNCIA DO PEDIDO E RISCO DE SE MANTER COM EFICÁCIA O QUADRO — LIMINAR DEFERIDA.*

1. Discute-se o alcance do artigo 187 da Lei Complementar n. 75/93: "Poderão inscrever-se no concurso bacharéis em Direito há pelo menos dois anos, de comprovada idoneidade moral". Assevera o impetrante que, à época da inscrição definitiva, contava com os citados dois anos, não cabendo, assim, obstaculizar-se a feitura da prova oral. Recurso administrativo teria sido indeferido pelo Procurador-Geral. Alude à circunstância de o mencionado artigo 187, alvo de exame na Ação Direta de Inconstitucionalidade n. 1.040-9/DF, não definir se a exigência diz respeito à inscrição provisória, preliminar ou definitiva. Discorre o impetrante sobre o tema, requerendo a concessão de liminar que lhe viabilize o comparecimento às provas orais. Faz referência a outras ações — civil pública e mandado de segurança —, salientando que, na primeira, houve sentença, afastando-se a exigência dos dois anos para inscrição. Formula pedidos sucessivos quanto ao julgamento final, a saber:

a) que se conceda a ordem para concluir haver o impetrante atendido à exigência legal, sendo esta própria à inscrição definitiva;

b) seja afastado o ato apontado como coator, ante equivocada interpretação do que decidido no Mandado de Segurança n. 24.985-4/DF;

c) defira-se a segurança, tendo em conta o princípio da isonomia, porquanto 24 outros candidatos, dos 79 convocados para as provas orais, estão em situação semelhante à do impetrante e continuam no certame;

d) conceda-se a segurança, tendo em conta a decisão proferida na Ação Civil Pública n. 2004.83.00.012454-5.

2. O princípio da realidade, a sobrepor o conteúdo ao aspecto formal, sinaliza a relevância do que articulado na inicial. Evidentemente, a exigência de dois anos de bacharelado possui móvel próprio, ou seja, buscar-se, tendo em conta a diplomação, e não possível exigência de efetivo exercício, a experiência do candidato. A esta altura, o indeferimento da medida acauteladora poderá implicar prejuízo irreversível, em face da dinâmica do concurso público, deixando o impetrante de comparecer às provas orais.

3. Defiro a medida acauteladora para afastar o óbice até aqui existente — exigência de dois anos de bacharelado quando da inscrição preliminar — à feitura da prova oral.

4. Publique-se, procedendo-se à comunicação do deferimento da liminar, via fac-símile, ao Procurador-Geral da República.

5. Solicitem-se informações.

6. Publique-se."[31]

B. LIMINAR NEGADA

O referido no item anterior, todavia, não parece ser a posição que deverá predominar no STF sobre o tema. A tendência deverá ser em sentido oposto. Pelo menos é o que se pode vislumbrar da decisão da lavra do Min. Carlos Velloso que, cuidando a Lei Complementar n. 75/93, indeferiu liminar, considerando que a comprovação deveria ocorrer no ato de inscrição do candidato, embora, no caso, não tenha examinado os dispositivos constitucionais que criaram a figura do triênio de atividade jurídica. O decisório foi proferido a 23.8.2005, na MC em MS 25.849-1-DF, *verbis:*

> *"Vistos. Trata-se de mandado de segurança preventivo, com pedido de liminar, fundado no art. 5º, LXIX, da Constituição Federal, impetrado por ALESSANDRO DEL COL, contra ato do PROCURADOR-GERAL DA REPÚBLICA, consubstanciado na publicação do Edital n. 22/2005 que abriu as inscrições para o 22º concurso público para provimento de cargos de Procurador da República (fls. 20-26).*
>
> *Diz o impetrante que o art. 6º, § 1º, do referido Edital, com base no art. 127, § 2º, da Constituição, na Lei Complementar n. 75/93 e na Resolução n. 80/05 do Conselho Superior do Ministério Público, exige que o candidato, na data da inscrição preliminar, declare, sob as penas da lei, se atende à exigência de 3 (três) anos de atividade jurídica na condição de bacharel em Direito.*
>
> *Sustenta mais, em síntese, o seguinte:*
>
> *a) o art. 93, I, da Constituição, referente ao ingresso na carreira da magistratura e, por simetria, ao ingresso na carreira do Ministério Público, exige que o bacharel em direito demonstre, no mínimo, três anos de atividade jurídica, valendo salientar que não foi estabelecida limitação quanto ao momento da demons-*

---

[31] MS 25.326-6-DF, de 10.4.2005 (Maurício Fabretti *vs.* Procurador-Geral da República). Relator: Min. Marco Aurélio (DJ n. 77, Seção 1, de 25.4.2005, p. 50).

tração do mencionado requisito para ingresso nas carreiras referidas. Note-se, ainda, que o art. 93, I, da CF não utiliza a palavra "candidato" mas, sim, "bacharel", o que reforça a impropriedade da exigência de atendimento do requisito discutido no momento da inscrição para o concurso público;

b) o preenchimento dos requisitos para ingresso na carreira pública, consoante jurisprudência do STF (RE 184.425/RS, RE 120.133/MG) e do STJ (Súmula n. 266), deve ser exigido no momento da posse;

c) contrariedade aos princípios da legalidade e da isonomia, porquanto a exigência estabelecida no art. 93, I, da CF foi delimitada indevidamente por ato administrativo.

Requer, ao final, a concessão da liminar para afastar a comprovação do requisito consubstanciado no art. 93, inciso I, da CF, art. 23, § 1º da Resolução n. 80/05 do Conselho Superior do Ministério Público Federal e art. 6º, § 1º do Edital n. 22/2005, na data da inscrição preliminar para a data da posse, e, garantir a realização da inscrição preliminar do Impetrante com a consignação de que na data da inscrição preliminar não atingiu o requisito questionado, conseqüentemente habilitado para a realização de todas as provas, realizações de exames e demais atos pertinentes mencionados no Edital n. 22/2005 e Resolução n. 80/05 do CSPM, e permitindo a eventual inscrição definitiva no caso de aprovação na prova objetiva e subjetiva e habilitando-se e garantindo a sua nomeação, posse e efetivo exercício ao cargo almejado, no caso exclusivo de aprovação em todas as fases do certame (fl. 12).

Autos conclusos em 17.8.2005.

Decido.

Requisitem-se informações.

Examino o pedido de liminar.

A Lei Complementar n. 75, de 20.5.93 (Lei Orgânica do Ministério Público) art. 187, estabelece requisito para inscrição no concurso: estar o bacharel em Direito diplomado há pelo menos dois anos. O requisito, não custa repetir, é para a inscrição no concurso. É conferir:

'Art. 187 — Poderão inscrever-se no concurso bacharéis em Direito há pelo menos dois anos, de comprovada idoneidade moral'.

O Supremo Tribunal Federal, no julgamento da ADIn 1.040/ DF, Relatora a Ministra Ellen Gracie, decidiu pela constitucionalidade do mencionado dispositivo legal, art. 187 da Lei Complementar n. 75/93. Assim a ementa do acórdão:

'AÇÃO DIRETA DE INCONSTITUCIONALIDADE — ART. 187 DA LEI COMPLEMENTAR N. 75/93 — EXIGÊNCIA DE UM BIÊNIO NA CONDIÇÃO DE BACHAREL EM DIREITO COMO REQUISITO PARA INSCRIÇÃO EM CONCURSO PÚBLICO PARA INGRESSO NAS CARREIRAS DO MINISTÉRIO PÚBLICO DA UNIÃO — ALEGADA OFENSA AOS ARTS. 5º, I, XIII E 37, I DA CF.

1. A exigência temporal de dois anos de bacharelado em Direito como requisito para inscrição em concurso público para ingresso nas carreiras do Ministério Público da União, prevista no art. 187 da Lei Complementar n. 75/93, não representa ofensa ao princípio da razoabilidade, pois, ao contrário de se afastar dos parâmetros da maturidade pessoal e profissional a que objetivam a norma, adota critério objetivo que a ambos atende.

2. Ação direta de inconstitucionalidade que se julga improcedente'. (DJ de 1º.4.2005)

Assim posta a questão, não há falar, no caso, no <u>fumus bonis juris</u> que autorizaria a concessão da medida liminar. Indefiro-a, pois.

Publique-se."[32]

Interposto o Ag Reg em MS 25.489-1-DF, foi negado seguimento ao mesmo porque incabível, conforme decisão de 6.9.2005, também do Min. Carlos Velloso que se transcreve abaixo:

"Vistos.

Trata-se de agravo regimental, fundado no art. 317 do RI/ STF, interposto por ALESSANDRO DEL COL da decisão (fls. 51-53) que indeferiu medida liminar no presente mandado de segurança.

Sustenta o agravante, preliminarmente, a inaplicabilidade, na hipótese dos autos, da Súmula n. 622/STF, dado que esta Corte '(...) em casos análogos de 'situações teratológicas e flagrante ilegalidade tem admitido a revisão do indeferimento da

---

[32] MC em MS 25.489-1-DF, de 23.8.2005 (Alessandro Del Col *vs.* Procurador-Geral da República). Relator: Min. Carlos Velloso (DJ n. 166, Seção 1, de 29.8.2005, p. 7).

liminar, relativizando os efeitos da súmula questionada (...)' (fl. 60). Ademais, estando presentes os requisitos para a concessão da liminar pleiteada, deve ser revista a decisão impugnada, sob pena de violar, quando da apreciação do mérito, direito líquido e certo do impetrante em razão da inutilidade prática do provimento final.

No mérito, alega, em síntese, que o precedente desta Corte (ADIn 1.040/DF), que embasou a decisão agravada, trata da eficácia do art. 187 da Lei Complementar n. 75/93; todavia, o presente mandamus *não impugna o referido dispositivo, mas sim os arts. 23, § 1º, da Resolução n. 80/05 do Conselho Superior do Ministério Público Federal e o art. 6º, § 1º, do Edital n. 22/2005, que impõem a necessidade de comprovação de três anos de atividade jurídica na data da inscrição preliminar. Assim, a impetração cinge-se a questionar '(...) a alteração da Emenda Constitucional n. 45/04 e sua limitação por ato administrativo, ou seja, sem a análise do art. 187 da LC n. 75/93' (fl. 63).*

Às fls. 72-73, o impetrante reitera os termos do agravo regimental.

O Procurador-Geral da República, às fls. 78-85, prestou informações.

Autos conclusos nesta data.

Decido.

O recurso é manifestamente incabível (Súmula n. 622-STF).

Em caso semelhante, MS 24.437-AgR-AgR/DF, por mim relatado (DJ de 20.6.2003), o Plenário assim decidiu, em acórdão que porta a seguinte ementa:

'(...) EMENTA: CONSTITUCIONAL — PROCESSUAL CIVIL — MANDADO DE SEGURANÇA: MEDIDA LIMINAR: AGRAVO REGIMENTAL.

I — Não cabe recurso de agravo contra decisão do Relator que defere ou indefere pedido de medida liminar formulado em processo de mandado de segurança (e também de habeas corpus*), da competência originária do Supremo Tribunal.*

II — Precedentes do Supremo Tribunal Federal.

III — Agravo não conhecido.

Ademais, no mesmo sentido foram as decisões proferidas no MS 25.024-AgR, Relator Ministro Eros Grau; MS 24.929, Relator Ministro Carlos Britto; MS 24.451-AgR, Relator Ministro Celso de Mello (DJ de 10.9.2004, 13.8.2004 e 3.12.2003, respectivamente).

Do exposto, reportando-me aos precedentes acima mencionados, nego seguimento ao recurso (art. 557, caput, do CPC).

Ao parecer da Procuradoria Geral da República (art. 52, IX, do RI/STF).

Publique-se."[33]

Em idêntico sentido, decidiu o Min. Eros Grau, a 29.8.2005, examinando o MS 25.496-3-DF, com o seguinte teor:

"1. Trata-se de mandado de segurança com caráter preventivo impetrado por Renata Cristina Araújo Magalhães contra ato do Procurador-Geral da República, na qualidade de Presidente da Comissão Examinadora do 22º Concurso Público para provimento de cargos de Procurador da República.

2. A impetrante questiona a exigência prevista no art. 23, § 1º, da Resolução n. 80, de 24 de maio de 2005, do Conselho Superior do Ministério Público Federal. O preceito determina que o candidato declare, sob as penas da lei, que no ato da inscrição preliminar possui 3 [três] anos de atividade jurídica na condição de bacharel em direito, conforme o art. 129, § 3º, da Constituição do Brasil, na redação dada pela Emenda Constitucional n. 45/04.

3. Alega que os três anos de atividade jurídica devem ser comprovados na data da posse do candidato no cargo público e não na data da inscrição preliminar para o concurso, em respeito aos princípios constitucionais da isonomia e do amplo acesso às carreiras do serviço público [art. 5º, caput e art. 37, I e II da CB/88].

4. Sustenta que os requisitos de inscrição, exigidos pela Administração no momento em que o candidato postula sua intenção em realizar as provas do certame, diferem dos requisitos do cargo, caracterizados pelas habilitações que o candidato deve possuir para o exercício das funções, em caso de aprovação e nomeação.

5. Traz aos autos acórdãos do Superior Tribunal de Justiça, bem como o enunciado da Súmula n. 266 daquela Corte, segundo a qual 'o diploma ou habilitação legal para o exercício do cargo deve ser exigido na posse e não na inscrição para o concurso público'.

---

[33] AG REG no MS 25.489-1-DF, de 6.9.2005 (Alessandro Del Col *vs.* Procurador-Geral da República). Relator: Min. Carlos Velloso (DJ n. 179, Seção 1, de 16.9.2005, p. 57).

6. Requer, liminarmente, seja determinado o deferimento da inscrição preliminar no 22º Concurso Público para provimento de cargos de Procurador da República , concedendo-se a final a segurança a fim de garantir a validade das demais etapas do processo seletivo.

7. É o breve relatório. Decido.

8. A concessão de medida liminar em mandado de segurança exige a coexistência da plausibilidade do direito invocado pelo impetrante e do receio de dano irreparável pela demora na concessão definitiva da ordem.

9. O <u>periculum in mora</u> restou demonstrado, vez que o prazo para as inscrições no concurso expira no próximo dia 9 de setembro. Passo à análise do alegado <u>fumus boni iuris</u>.

10. O significado da expressão 'atividade jurídica', bem como o momento de sua comprovação, estão sob a análise desta Corte no âmbito da ADIn n. 3.460, Relator o Ministro Carlos Velloso, que discute o art. 7º, parágrafo único, alíneas 'a' e 'b' da Resolução n. 55/05, do Conselho Superior do Ministério Público do Distrito Federal e Territórios.

11. Até o pronunciamento definitivo desta Corte sobre essas questões o cenário não permite prognóstico seguro sobre a constitucionalidade da restrição, o que autorizaria, em princípio, a concessão da cautela requerida.

12. Observo, no entanto, que a impetrante não atende ao requisito previsto no art. 187 da Lei Orgânica do Ministério Público da União [Lei Complementar n. 73/93], que autoriza a inscrição no concurso público apenas aos bacharéis em direito há pelo menos 2 [dois] anos, visto que seu diploma foi expedido em novembro de 2003 [fl. 41].

13. Embora vencido quando examinada a constitucionalidade deste preceito na ADIn n. 1.040 [Relatora para o Acórdão a Ministra Ellen Gracie, DJ 1.4.2005], não há como negar a força vinculante da decisão proferida por esta Corte em sede de controle concentrado.

14. Em se tratando de requisito específico para o ingresso na carreira de Procurador da República, previsto na LOMPU, inaplicáveis os precedentes mencionados pela impetrante, que deram origem à Súmula n. 266 do Superior Tribunal de Justiça, visto tratarem de outras carreiras do serviço público.

Ante o exposto, indefiro o pedido liminar, ausente o <u>fumus boni iuris</u>. Intime-se a autoridade impetrada para prestar informações no prazo previsto no art 7º, I, da Lei n. 1.533/51.

Publique-se."[34]

De outro lado, o Min. Carlos Velloso negou, a 6.11.2005, liminar na RECL 3.900-5-MG, na qual, *inter alia*, os autores, aproados em concurso público, alegavam que foram intimados a apresentar os comprovantes do triênio de atividade jurídica no ato de homologação do concurso, e que tal não poderia ocorrer porque o certame já se encontrava em andamento aquando da promulgação da Emenda Constitucional n. 45/2004. O *decisum* a seguir transcrito esclarece a posição do julgador:

"Vistos. Trata-se de reclamação, com pedido de liminar, proposta por SARA LÚCIA DAVI SOUSA E OUTROS, contra decisão proferida pelo Presidente do eg. Tribunal Superior do Trabalho, consubstanciada no deferimento de liminares em suspensões de segurança (SS 161.510/2005-000-00-00.2 e SS 161.509/2005-000-00-00.8) ajuizadas pela União para suspender a execução das liminares deferidas pelo TST nos Mandados de Segurança 161.089/2005-000-00-00.7 e 161.091/2005-000-00-00.1, que reiteram as liminares concedidas pelo Tribunal Regional do Trabalho da 3ª Região nos mandados de segurança 1.209/2005, 1.193/2005 e 1.188/2005.

Dizem os reclamantes que se inscreveram e foram aprovados em 9º, 1º, 5º e 7º lugares, respectivamente, no Concurso Público 01/2004 de provas e títulos para provimento do cargo de Juiz do Trabalho Substituto do TRT/3ª Região. Aduzem que, no ato de homologação do resultado do concurso (fl. 111), foram intimados para apresentar os documentos necessários à nomeação e posse, inclusive o comprobatório de preenchimento do requisito de 03 (três) anos de atividade jurídica, nos termos da EC n. 45/2005 e da Resolução Administrativa n. 1.046/2005 do TST. Em face dessa exigência, impetraram mandados de segurança (MS 1.209/2005, 1.193/2005 e 1.188/2005) perante o TRT da 3ª Região para afastar a aplicação da referida resolução,

---

[34] MS 25.496-3-DF, de 29.8.2005 (Renata Cristina Araujo Magalhães *vs.* Procurador-Geral da República e Presidente da Subcomissão, no Estado de Minas Gerais, do Concurso para Ingresso na carreira do Ministério Público Federal). Relator: Min. Eros Grau (DJ n. 171, Seção 1, de 5.9.2005, p. 37). Posteriormente, a impetrante desistiu da ação (despacho homologatório publicado no DJ n. 179, Seção 1, de 16.9.2005, p. 62).

tendo em vista sua inconstitucionalidade, por afrontar o art. 93, caput e I, da CF, e sua inaplicabilidade aos concursos em andamento na data da entrada em vigor da EC n. 45/2004. Noticiam, ainda, que, deferidas liminares nos mandados de segurança mencionados, foram elas, no entanto, suspensas pelo Ministro Corregedor-Geral da Justiça do Trabalho nos autos das Reclamações Correicionais 160.946/2005-000-00-00.1 e 160.726/2005-000-00-00.1 propostas pela União. Daí foram impetrados os Mandados de Segurança 161.089/2005-000-00-00-7 e 161.091/2005-000-000-00.1, nos quais foram referendadas, pelo Plenário do TST, as liminares anteriormente deferidas por Juízes do TRT, assegurando a posse dos reclamantes no dia 10.10.2005. Por fim, a União ajuizou as Suspensões de Segurança 161.509/2005 e 161.510/2005, que foram concedidas pelo Presidente do Tribunal Superior do Trabalho para impedir a posse dos reclamantes (fls. 41-47 e 52-58).

Sustenta mais, em síntese, o seguinte:

a) usurpação de competência do Supremo Tribunal Federal, nos termos dos arts. 297 e seguintes do RI/STF, 25 da Lei n. 8.038/90 e da Lei n. 4.348/64, porquanto as decisões que foram suspensas pelo reclamado têm conteúdo essencialmente constitucional e foram 'proferidas pelo Pleno do TST, 'encampando todas as razões de decidir dos Relatores dos Mandados de Segurança no TST e também dos Relatores dos Mandados de Segurança do TRT da 3ª Região, sendo somente competente o Presidente do Tribunal a que couber o recurso, in casu, o Recurso Extraordinário, caso concedido o mandado de segurança, ou Recurso Ordinário, caso denegada a ordem (art. 102, II, a e III, a)' (fl. 19);

b) competência do STF, nos termos da orientação firmada no julgamento da SS 304/RS por esta Corte, para apreciar as suspensões de segurança nos casos em que se discuta matéria constitucional, sendo certo, assim, que o reclamado não tinha competência ratione materiae para o julgamento das suspensões de segurança discutidas, visto que a questão central daqueles autos referia-se à constitucionalidade da Resolução Administrativa n. 1.046/2005 do TST;

c) ausência dos requisitos legais para a concessão das suspensões de segurança, haja vista a inexistência de potencial lesivo irreparável a interesses públicos relevantes nas decisões do TRT da 3ª Região que asseguraram aos reclamantes a nomeação e posse no cargo de juiz do trabalho substituto, visto que foram aprovados em todas as fases do concurso público de provas e títulos;

d) a exigência de comprovação do exercício de atividade jurídica por três anos, introduzida pela EC n. 45/2004, tem eficácia limitada, uma vez que depende de regulamentação por Lei Complementar (art. 93, caput, da CF) e não tem aplicação retroativa;

e) não há falar, caso fosse autorizada a posse dos reclamantes, em nulidade das eventuais decisões proferidas na qualidade de juízes do trabalho substitutos, na hipótese de denegação dos mandados de segurança que discutem a legitimidade da exigência estabelecida na Resolução Administrativa n. 1.046/2005 do TST, consoante a jurisprudência desta Corte (AO 188/RR, HC 71.834/RR);

f) inconstitucionalidade formal e material da Resolução Administrativa n. 1.046/2005 do TST. A uma, dado que contraria o art. 93, caput, da CF, visto que a exigência de três anos de atividade jurídica — art. 93, I, da CF (norma de eficácia limitada) — requer, para sua plena eficácia, a edição de lei complementar. A duas, porque a resolução impugnada, ao exigir três anos de 'prática jurídica' e não de 'atividade jurídica', inovou no ordenamento jurídico constitucional, afrontando o art. 93, I, da Lei Maior. A três, uma vez que o art. 2º da Resolução n. 1.046/2005 do TST, ao determinar que fosse sua aplicação retroativa, ofendeu os princípios da legalidade, da irretroatividade da lei, do direito adquirido, do ato jurídico perfeito e da segurança jurídica, valendo salientar que os reclamantes, quando se inscreveram e se submeteram ao concurso, preencheram todos os requisitos para o provimento do cargo, nos termos do edital 01/2004-TRT da 3ª Região e da resolução administrativa, então em vigor, do TST. A quatro, tendo em vista a ofensa aos princípios da impessoalidade, eficiência, boa-fé, proporcionalidade e lealdade, porquanto outros concursos, a exemplo do último realizado para o Ministério Público do Trabalho, iniciados sob a égide da redação anterior do art. 93, I, da CF, foram concluídos de acordo com seus respectivos editais, sem a necessidade de comprovação de três anos de atividade jurídica.

Requerem, ao final, a suspensão das decisões proferidas nas suspensões de segurança impugnadas, 'mantendo incólumes os efeitos das liminares proferidas pelos Relatores dos MSs ns. 1209/2005, 1193/2005, 1188/2005, do TRT da 3ª Região;

e dos MSs ns. 161.089/2005 e 161.091/2005 do TST, assegurando aos Reclamantes a posse no cargo de Juiz do Trabalho Substituto do TRT da 3ª Região' (fl. 33).

Requisitadas informações (fl. 604), a autoridade reclamada as prestou (fls. 614-625), aduzindo, em síntese, o seguinte:

a) competência do Presidente do TST, nos termos do art. 4º da Lei n. 4.348/64, para apreciar as suspensões de segurança impugnadas, uma vez que se dirigiram contra liminares deferidas em mandados de segurança impetrados perante o TRT/3ª Região, cujo recurso ordinário cabível seria de competência do TST, consoante o art. 895 da CLT. Ademais, o fato de a matéria discutida nos mandados de segurança originários do TRT/3ª Região ser de cunho constitucional não interfere na competência do TST, visto que o art. 895, b, da CLT não faz distinção entre matéria infraconstitucional e constitucional;

b) inaplicabilidade do art. 25 da Lei n. 8.038/90 ao caso dos autos, porque referido dispositivo trata de suspensões de segurança dirigidas ao STJ e ao STF com base na matéria discutida (infraconstitucional ou constitucional), o que é irrelevante na seara trabalhista, sendo certo que os processos que tramitam na Justiça do Trabalho têm disciplina processual distinta da sistemática processual comum. Ademais, não se aplica à espécie o precedente do STF (SS 304/RS) invocado pelos reclamantes, pois não cuida de decisão proferida na Justiça do Trabalho, mas, sim, na Justiça comum;

c) as suspensões de segurança propostas pela União atacam liminares proferidas nos mandados de segurança impetrados no TRT/3ª Região e não, como alegam os reclamantes, contra liminares deferidas pelo TST. 'As decisões prolatadas nos Mandados de Segurança impetrados neste Tribunal Superior do Trabalho (Proc. TST-MS-161.089/2005 e Proc. TST-MS-161.091/2005), a que se reportam os reclamantes, restringiram-se a cassar liminares concedidas pelo Ministro Vice-Presidente do Tribunal, no exercício da Corregedoria-Geral da Justiça do Trabalho (Proc. TST-RC-160.946/2005-000-00-00 e Proc. TST-RC-160.726/2005), que suspenderam os efeitos das liminares concedidas nos autos dos mandados de segurança impetrados no Tribunal Regional, mas não guardam nenhuma identidade com a matéria de fundo discutida nas suspensões de segurança em apreço' (fl. 618);

d) a Resolução Administrativa n. 1.046/2005 do TST apenas regulamentou o art. 93, I, da CF, caracterizado como norma auto-aplicável, no tocante à exigência de três anos de atividade jurídica para o ingresso na magistratura, valendo salientar que a lei complementar mencionada no art. 93, caput, da CF não poderá dispor de forma contrária à referida exigência;

e) o art. 2º da Resolução Administrativa n. 1.046/2005 do TST limitou-se a adotar entendimento do STF (RE 290.346/MG, RE 143.807/SP) no sentido de que os candidatos inscritos não têm direito adquirido às condições previstas no edital, antes da homologação do concurso;

f) inaplicabilidade à espécie do entendimento firmado na ADIn 1.188-MC/DF, porquanto o mencionado precedente trata da impossibilidade, tendo em vista a inexistência de autorização constitucional, da exigência de prática forense; no caso dos autos, há a expressa exigência constitucional, introduzida pela EC n. 45/2004, de tempo mínimo de três anos de atividade jurídica para ingresso na magistratura.

Autos conclusos em 22.11.2005.

Decido.

As informações fazem ruir o alegado fumus boni juris. No caso, porque as liminares foram concedidas por Tribunal Regional do Trabalho, não seria do Presidente do Supremo Tribunal a competência para apreciar o pedido de suspensão das mesmas.

Indefiro a liminar.

Ao parecer da Procuradoria Geral da República.

Publique-se."[35]

Posição similar adotou o Min. Joaquim Barbosa, ao despachar, a 26.8.2005, a MC em MS 25.498-8-DF, com a seguinte teor:

"Trata-se de mandado de segurança, com pedido de medida liminar, impetrado por João Paulo dos Santos contra ato do procurador-geral da República que, ao publicar o edital de abertura do 22º Concurso Público para provimento de cargos de procurador da República, determinou que 'o candidato, ao preencher o formulário, firmará declaração, sob as penas da lei, (1) de que atende, na data da inscrição preliminar, à exigência de

[35] RECL 3.900-5-MG, de 6.11.2005 (Sara Lúcia Davi Souza e outro(a/s) *vs.* Presidente do Tribunal Superior Trabalho (Suspensões de Segurança ns. 161.510/2005-000-00-00.2 e 161.509/2005-000-00-00.8). Interessada: União). Relator: Min. Carlos Velloso (DJ n. 233, Seção 1, de 6.12.2005, pp. 44-5).

3 (três) anos de atividade jurídica na condição de bacharel em Direito, prevista no art. 129, § 3º, da Constituição Federal (com redação da EC n. 45, de 8.12.2004, a ser comprovada segundo o disposto no § 3º do art. 44'.

Afirma o impetrante que o edital de abertura do concurso, ao estabelecer o que entende por atividade jurídica e como comprová-la, efetivamente regulamentou o dispositivo constitucional, o que é vedado por nosso ordenamento jurídico.

Sustenta que os três anos de atividade jurídica são imprescindíveis para a posse como procurador da República, mas tal não pode ser exigido, em hipótese alguma, como condição para a mera inscrição preliminar no concurso.

Requer a concessão da medida liminar, para que seja afastada imediatamente da regulamentação do concurso mencionado a exigência de declaração de três anos de atividade jurídica no ato da inscrição no concurso. No mérito, requer a confirmação da liminar, para que se afaste tal exigência ou, em sendo o caso, se estabeleça de forma razoável e proporcional o que se deve entender por atividade jurídica.

É o breve relatório.

Decido.

O deferimento da medida liminar em mandado de segurança somente se justifica quando (i) 'for relevante o fundamento' e (ii) 'do ato impugnado puder resultar a ineficácia da medida, caso seja deferida' (art. 7º, II, da Lei n. 1.533/1951). Tais requisitos são cumulativos e concomitantes, de modo que, na ausência de algum deles, não se legitima a concessão da liminar.

No presente caso, embora o periculum in mora seja evidente, não vislumbro 'relevante fundamento' que justifique o deferimento da liminar.

Isso porque o art. 129, § 3º da Constituição, com redação dada pela Emenda Constitucional n. 45/2004, estabelece que 'o ingresso na carreira do Ministério Público far-se-á mediante concurso público de provas e títulos, assegurada a participação da Ordem dos Advogados do Brasil em sua realização, exigindo-se do bacharel em direito, no mínimo, três anos de atividade jurídica e observando-se, nas nomeações, a ordem de classificação'.

Em decisão proferida antes do advento da EC n. 45/2004, esta Corte, no julgamento da ADIn 1.040, declarou constitucio-

nal a exigência de dois anos de bacharelado em Direito como requisito para a inscrição no concurso público para ingresso nas carreiras do Ministério Público da União, prevista no art. 187 da Lei Complementar n. 75/1993, por entender que tal norma atendia ao princípio da razoabilidade.

Por outro lado, a Lei Complementar n. 75/1993 determina, em seu art. 188, que 'o concurso obedecerá ao regulamento elaborado pelo Conselho Superior'. Ou seja, cabe ao Conselho Superior do Ministério Público Federal definir os critérios para o ingresso na carreira, observando, por óbvio, a Constituição e a própria Lei Complementar n. 75/1993.

O requisito estabelecido no edital do 22º Concurso Público para provimento de cargos de procurador da República ajusta-se, a meu sentir, à nova realidade constitucional e ao julgado acima mencionado.

Sendo assim, nesse juízo preliminar, não vislumbro a existência do fumus boni iuris, razão pela qual indefiro a liminar.

Solicitem-se as informações.

Em seguida, abra-se vista ao procurador-geral da República.

Publique-se."[36]

Na linha que parece estar sendo adotada pela maioria dos membros do STF, o Min. Celso de Mello, na MC em MS 25.511-1-DF, assim também se pronunciou, a 1.9.2005, *verbis*:

"Indefiro o pedido de medida liminar, consideradas as razões — que acolho — constantes de decisões proferidas em processos mandamentais que versam tema idêntico ao ora em exame, nas quais eminentes Juízes desta Corte, tendo presente a EC n. 45/2004, entenderam não caracterizada a plausibilidade jurídica da pretensão de direito material neles deduzida (MS 25.489-MC/DF, Rel. Min. Carlos Velloso — MS 25.496-MC/DF, Rel. Min. Eros Grau — MS 25.498-MC/DF, Rel. Min. Joaquim Barbosa, v.g.).

Cabe referir, ainda, o julgamento plenário do Supremo Tribunal Federal, proferido na ADIn 1.040/DF, Rel. p/ o acórdão Min. Ellen Gracie, de que resultou decisão consubstanciada em acórdão assim ementado:

[36] MC em MS 25.498-8-DF, de 26.8.2005 (João Paulo dos Santos *vs.* Procurador-Geral da República). Relator: Min. Joaquim Barbosa (DJ n. 170, Seção 1, de 2.9.2005, pp. 52-3).

'1. A exigência temporal de dois anos de bacharelado em Direito como requisito para inscrição em concurso público para ingresso nas carreiras do Ministério Público da União, prevista no art. 187 da Lei Complementar n. 75/93, não representa ofensa ao princípio da razoabilidade, pois, ao contrário de se afastar dos parâmetros da maturidade pessoal e profissional a que objetivam a norma, adota critério objetivo que a ambos atende.

3. Ação direta de inconstitucionalidade que se julga improcedente.' (grifei)

2. Requisitem-se informações à eminente autoridade ora apontada como coatora.

Publique-se."[37]

Pelos precedentes majoritários acima transcritos, releva observar que a tendência do Excelso Pretório é no sentido de somente admitir preenchido o requisito do triênio de atividade jurídica àqueles que o completem no momento da inscrição, o que, *data venia*, é de todo lamentável, porquanto a intenção do constituinte derivado foi admitir na Magistratura e no Ministério Público pessoas com possível maturidade para esses cargos e tempo de graduado não importa em conquista de maturidade.

---

[37] MS 25.511-1-DF, de 1.9.2005 (Luís Carlos Fernando Pereira Monteiro Barreto Fonseca e outro(a/s) *vs.* Procurador-Geral da República). Relator: Min. Celso de Mello (DJ n. 176, Seção 1, de 13.9.2005, p. 8).

PARTE V

PREVIDÊNCIA SOCIAL

1. *CONTRATO DE TRABALHO. CONTINUIDADE*[1]

Mais uma vez, o Excelso Pretório manteve sua posição, no sentido de que aposentadoria voluntária não é causa de extinção do contrato de trabalho. No mesmo sentido, aliás, manifestei-me anteriormente, quando distingui as relações jurídicas existentes: a de trabalho, entre empregador e empregado; a previdência, entre esses e o órgão da Previdência competente[2]. Ao exame do RE 449.420-5-PR, a 16.8.2005, a 1ª Turma acolheu, por maioria, a posição adotada pelo Relator, Min. Sepúlveda Pertence, provendo o recurso do trabalhador. O voto do relator é o seguinte:

> *"RELATÓRIO: — Cuida-se de reclamação trabalhista proposta por empregada pública inconformada com sua demissão fundada no fato de ser aposentada pelo Regime Geral de Previdência Social.*
>
> *A autora requereu sua readmissão ou indenização nos termos da Lei n. 9.029/95, além de reparação por danos morais.*
>
> *Os pedidos foram negados em 1ª e 2ª instâncias, razão pela qual houve interposição de recurso de revista ao Tribunal Superior do Trabalho, que proferiu julgamento nos termos da ementa que segue (fl. 96):*
>
> *'AGRAVO — RECURSO DE REVISTA — ORIENTAÇÃO JURISPRUDENCIAL N. 177 DA SBDI-1. A controvérsia alusiva à extinção do contrato de trabalho pelo advento da aposentadoria espontânea, após reiteradas decisões no âmbito desta Corte, pacificou-se no Precedente de n. 177 da SDI; em face da exegese imprimida ao caput do artigo 453 da CLT. Além disso, em se tratando de ente da administração pública, deve ser observado o disposto no Enunciado n. 363/TST. Nesse contexto, estando a decisão objeto de impugnação em absoluta harmonia com a iterativa jurisprudência deste E. Tribunal merece desprovimento o agravo.'*
>
> *Daí a interposição do recurso extraordinário em que se alega violação dos artigos 5º, II e XXXVI; 6º; 7º, I, VI e XXIX; 102, § 2º; e 202 da Constituição Federal.*

---

[1] V., nesta coletânea, v. 2, p. 31, v. 7, p. 22.

[2] V. o meu *Globalização & desemprego* ... cit., pp. 13-9.

Alega a recorrente que (f. 102):

'...a aposentadoria espontânea não extingue o contrato de trabalho. O artigo 453 da CLT não trata sobre a extinção do contrato de trabalho em virtude da aposentadoria do empregado, mas apenas dispõe sobre o tempo de trabalho do empregado readmitido, in verbis: 'Art. 453. No tempo de serviço do empregado, quando readmitido, serão computados os períodos, ainda que não contínuos, em que tiver trabalhado anteriormente na empresa, salvo se houver sido despedido por falta grave, recebido indenização legal ou se aposentado espontaneamente'.

Neste diapasão tem-se que não houve extinção do contrato de trabalho, e a própria Lei n. 8.213/91, que dispõe sobre os Planos de Benefícios da Previdência social nada estipula sobre a concessão do Benefício e a extinção do contrato de trabalho.'

Invoca em defesa de sua tese os julgamentos cautelares das ADIns 1.721, Ilmar Galvão, e 1.770, Moreira Alves.

Parecer da Procuradoria-Geral da República pelo não conhecimento do recurso extraordinário.

É o relatório.

VOTO:

I

A tese central do acórdão recorrido é a de que a aposentadoria espontânea é causa extintiva do contrato de trabalho.

Partindo desse raciocínio, que decorre da interpretação do caput art. 453 da Consolidação das Leis do Trabalho, o Tribunal Superior do Trabalho editou a Orientação Jurisprudencial da SDI-1 n. 177, verbis:

'A aposentadoria espontânea extingue o contrato de trabalho, mesmo quando o empregado continua a trabalhar na empresa após a concessão do benefício previdenciário. Assim sendo, indevida a multa de 40% do FGTS em relação ao período anterior à aposentadoria.'

Segundo informação extraída do sítio do TST na internet (www.tst.gov.br), a OJ/SDI-1 n. 177 foi, posteriormente, mantida pelo Plenário da Corte Trabalhista.

No caso dos autos há ainda a peculiaridade de ser a recorrente empregada pública, o que levou o Tribunal a quo a fazer incidir o Enunciado/TST n. 363, segundo o qual:

'A contratação de servidor público, após a CF/1988, sem prévia aprovação em concurso público, encontra óbice no res-

pectivo art. 37, II e § 2º, somente lhe conferindo direito ao pagamento da contraprestação pactuada, em relação ao número de horas trabalhadas, respeitado o valor da hora do salário mínimo, e dos valores referentes aos depósitos do FGTS.'

A conclusão é lógica, posto que, se se considerar que a aposentadoria espontânea extingue o contrato de trabalho e que a continuidade do trabalho na empresa implica nova relação de trabalho, em se tratando de empregado público, somente seria válida se decorrente de aprovação em concurso público.

O raciocínio, no entanto, não me parece o mais correto, à luz de manifestações anteriores do Supremo Tribunal.

II

No julgamento da ADIn 1.721-MC, RTJ 186/83, o relator, em. Ministro Ilmar Galvão, após discorrer sobre a nova dimensão dada pela Constituição de 1988 à proteção contra a despedida arbitrária ou sem justa causa, assentou:

'... a relação mantida pelo empregado com a instituição previdenciária não se confunde com a que o vincula ao empregador, razão pela qual o benefício previdenciário da aposentadoria, em princípio, não deve produzir efeito sobre o contrato de trabalho.'

Extrato ainda, do voto do Ministro Ilmar Galvão, texto do Prof. Arion Sayão Romita na LTr 60-08/1051:

'Duas são, portanto, as possíveis conseqüências jurídicas da obtenção, pelo empregado, da aposentadoria previdenciária: 1º — o empregado se aposenta pelo INSS e se afasta da atividade; 2º — o empregado obtém o benefício previdenciário mas prefere continuar em atividade (aposentado ativo).

Na primeira hipótese, não há dúvida de que a aposentadoria extingue o contrato de trabalho, com todas as conseqüências jurídicas daí decorrentes. Na segunda hipótese, inocorre a extinção do contrato de trabalho, porque a lei previdenciária não exige mais o desligamento para a concessão do benefício.

(...)

O direito de trabalhar não se confunde com o direito aos benefícios previdenciários, podendo um mesmo sujeito exercê-los simultaneamente; ambos defluem de situações perfeitamente caracterizadas e não coincidentes. Subsiste o direito de laborar, manter o contrato individual de trabalho e auferir a vantagem, desde que não seja por invalidez. Assim, o pedido de benefício não promove a rescisão contratual; esta, sim, deriva da vontade do obreiro de deixar de prestar serviços. Não sendo condição legal — como era na CLPS — para o exercício do direito, se a empresa não deseja mais o aposentado prestando-lhe serviço deve rescindir-lhe o contrato, assumindo, conseqüentemente, as obrigações previstas na lei.'

Adiante, concluiu o relator daquele precedente:

'Se assim é, é fora de dúvida haver a norma ora impugnada inovado no campo do trabalho, ao considerar, não aposentadoria ordinária — de que até aqui se tratou —, mas a proporcional como mais uma causa de despedida do empregado, sem justa causa e sem indenização.

(...)

O texto legal impugnado, portanto, ao atribuir à aposentadoria proporcional o efeito de extinguir a relação de trabalho, na verdade, outra coisa não fez senão transformá-la em esdrúxula 'justa causa' para a despedida do empregado, sem sequer a indenização que é devida aos que atingem o limite de idade.

Trata-se de dispositivo que por haver exonerado o empregador da obrigação de indenizar o empregado arbitrariamente despedido ofende o art. 7º, I, da Constituição, não tendo, por isso, condição de subsistir como norma jurídica.'

O Tribunal reafirmou esse entendimento no julgamento cautelar da ADIn 1.770, RTJ 168/128, em que o em. relator, Ministro Moreira Alves, ressaltou no seu voto:

'Já para os que consideram que essa vedação de acumulação de remuneração de aposentadoria com remuneração da atividade só alcança os servidores públicos, não se aplicando aos empregados de empresas públicas e de sociedades de economia mista, sob o fundamento de que há diferença entre o benefício previdenciário em favor do servidor público e o devido, por força do artigo 202 da Constituição, ao empregado do setor privado, como o é o empregado de empresa pública ou de sociedade de economia mista (artigo 173, § 1º, da Carta Magna), a inconstitucionalidade do dispositivo legal em causa decorre de outro fundamento: o de que esse § 1º indiretamente pressupõe que a aposentadoria espontânea desses empregados extingue automaticamente o vínculo empregatício, o que violaria os preceitos constitucionais relativos à proteção do trabalho e à garantia à percepção dos benefícios previdenciários, alegação essa que deu margem ao deferimento de liminar

na ADIn 1.721, circunstância que, por si só — fui um dos quatro votos vencidos —, é suficiente para que seja ela tida como relevante.'

Certo, mas citadas ações diretas de inconstitucionalidade foi suspensa a eficácia apenas dos § § 1º e 2º do art. 453 da CLT; não se cuidou do caput, que não foi objeto das argüições, até porque anterior à Constituição.

III

Dispõe o caput do art. 453 da CLT (redação alterada pela Lei n. 6.204/75):

'Art. 453. No tempo de serviço do empregado, quando readmitido, serão computados os períodos, ainda que não contínuos, em que tiver trabalhado anteriormente na empresa, salvo se houver sido despedido por falta grave, recebido indenização legal ou se aposentado espontaneamente.'

De fato, o termo 'readmitido' pressupõe que o anterior contrato de trabalho do empregado fora extinto; no entanto, isso não implica dizer que a aposentadoria espontânea resulte, necessariamente, na extinção do contrato de trabalho, uma vez que, como observado no voto do em. Ministro Ilmar Galvão na ADIn 1.721, a aposentadoria espontânea pode ou não ser acompanhada do afastamento do empregado de seu trabalho: só haveria readmissão quando o trabalhador aposentado tivesse encerrado a relação anterior de trabalho e posteriormente iniciado outra; caso haja continuidade do trabalho, mesmo após a aposentadoria espontânea, não se pode falar em extinção do contrato de trabalho e, portanto, em readmissão.

A interpretação conferida pelo TST ao art. 453 da CLT viola a garantia constitucional contra a despedida arbitrária, razão pela qual deve ser afastada.

Assim, dele conheço e dou provimento ao recurso extraordinário para afastar a premissa do acórdão recorrido, derivada da interpretação conferida ao art. 453 da CLT — e devolver o caso para que prossiga, no TST, o julgamento do agravo: é o meu voto.[3]

[3] Informativo STF n. 401, de 21.9.2005, p. 4. RE 449.420-5-PR, de 16.8.2005. (Valdomira Niedziela *vs.* Empresa Paranaense de Assistência Tecnica e Extensão Rural — EMATER). Relator: Min. Sepúlveda Pertence. A decisão foi publicada no DJ n. 165, Seção 1, de 26.8.2005, p. 18. No mesmo sentido: AG REG no AI 388.499-8-SC, de 26.9.2005 (Hering Textil S/A *vs.* Ivandel Neto Rosa). Relator: Min. Sepúlveda Pertence. (DJ n. 193, Seção 1, de 6.10.2005, p. 17).

Por outro lado, o Excelso Pretório tem determinado o retorno do processo para novo exame do C. TST, quando a matéria versada é sobre aposentadoria extinguindo contrato de trabalho, fazendo incidir a Orientação Jurisprudencial n. 177, sendo então indevidos os 40% do FGTS do período anterior à aposentadoria. Retornam aos autos àquela Corte para exame do tema, afastada a extinção. Assim a decisão abaixo, no AI 556.247-6-SP, de 6.9.2005, do Min. Joaquim Barbosa, *verbis*:

Trata-se de agravo de instrumento interposto de decisão que inadmitiu recurso extraordinário no qual se aponta violação dos arts. 1º, IV; 7º, I e XXIV; 37, II; 170, caput, e 193 da Constituição.

No acórdão recorrido, o Tribunal Superior do Trabalho decidiu que a aposentadoria espontânea extingue o contrato de trabalho mesmo na hipótese de o empregado ter continuado a trabalhar na empresa após a concessão do benefício previdenciário, nos termos do art. 453 da CLT e da Orientação Jurisprudencial 177 da SDI daquela Corte. O Tribunal também entendeu indevida a multa de 40% do FGTS em relação ao período anterior à aposentadoria e que é nulo o segundo contrato de trabalho, por ausência de concurso público.

A agravante apresenta, entre outros argumentos, o de que o Supremo Tribunal Federal, no julgamento das ADIn 1.721 e 1.770, suspendeu a eficácia dos dois parágrafos do art. 453 da CLT, de modo que a aposentadoria não mais enseja a extinção automática do contrato de trabalho. Nessa linha de raciocínio, a parte alega que, em virtude de não ter sido iniciado um segundo contrato de trabalho, não lhe seria exigível a aprovação em concurso público, de sorte que teria direito à integralidade das verbas trabalhistas.

Transcrevo a ementa dos julgados que suspenderam a eficácia do § 1º e do § 2º do art. 453 da CLT:

'Ação direta de inconstitucionalidade. § 1º do artigo 453 da CLT na redação dada pelo artigo 3º da Lei n. 9.528, de 10.12.97, e do artigo 11, 'caput' e parágrafos, da referida Lei. Pedido de limiar. — No tocante ao artigo 11 da Lei n. 9.528/97, não é de conhecer-se a ação direta, porquanto, tratando de norma temporária cujos prazos nela fixados já se exauriram no curso deste processo, perdeu a referida ação o seu objeto. —

Quanto ao § 1º do artigo 453 da CLT na redação dada pelo artigo 3º da Lei n. 9.528/97, ocorre a relevância da fundamentação jurídica da argüição de inconstitucionalidade, bem como a conveniência da suspensão de sua eficácia pelas repercussões sociais decorrentes desse dispositivo legal. Pedido de liminar que se defere, para suspender, ex nunc e até decisão final, a eficácia do § 1º do artigo 453 da CLT na redação que lhe deu o artigo 3º da Lei n. 9.528, de 10 de dezembro de 1997. (ADIn 1.770-MC, rel. Min. Moreira Alves, DJ 6.11.1998)'

'AÇÃO DIRETA DE INCONSTITUCIONALIDADE — ART. 3º DA MP N. 1.596-14/97 (CONVERTIDA NA LEI N. 9.528/97), NA PARTE EM QUE INCLUIU § 2º NO ART. 453 DA CLT — ALEGADA OFENSA À CONSTITUIÇÃO. O direito à estabilidade no emprego cedeu lugar, com a Constituição de 1988 (art. 7º, I), a uma proteção contra despedida arbitrária ou sem justa causa, consistente em uma indenização compensatória, entre outros direitos, a serem estipulados em lei complementar. A eficácia do dispositivo não ficou condicionada à edição da referida lei, posto haver sido estabelecida, no art. 10 do ADCT, uma multa a ser aplicada de pronto até a promulgação do referido diploma normativo (art. 10 do ADCT), havendo-se de considerar arbitrária e sem justa causa, para tal efeito, toda despedida que não se fundar em falta grave ou em motivos técnicos ou de ordem econômico-financeira, a teor do disposto nos arts. 482 e 165 da CLT. O diploma normativo impugnado, todavia, ao dispor que a aposentadoria concedida a empregado que não tiver completado 35 anos de serviço (aposentadoria proporcional por tempo de serviço) importa extinção do vínculo empregatício — efeito que o instituto até então não produzia —, na verdade, outra coisa não fez senão criar modalidade de despedida arbitrária ou sem justa causa, sem indenização, o que não poderia ter feito sem ofensa ao dispositivo constitucional sob enfoque. Presença dos requisitos de relevância do fundamento do pedido e da conveniência de pronta suspensão da eficácia do dispositivo impugnado. Cautelar deferida. (ADIn 1.721-MC, rel. Min. Ilmar Galvão, DJ 11.4.2003)

No primeiro desses julgados, o ministro Moreira Alves destacou que considerar a aposentadoria voluntária causa automática de extinção do contrato de trabalho do empregado de empresa pública ou de sociedade de economia mista violaria os preceitos constitucionais relativos à proteção do trabalho e à garantia à percepção dos benefícios previdenciários. Lê-se em seu voto:

'[...]

Já para os que consideram que essa vedação de acumulação de remuneração de aposentadoria com remuneração da atividade só alcança os servidores públicos, não se aplicando aos empregados de empresas públicas e de sociedades de economia mista, sob o fundamento de que há diferença entre o benefício previdenciário em favor do servidor público e o devido, por força do artigo 202 da Constituição, ao empregado do setor privado, como o é o empregado de empresa pública ou de sociedade de economia mista (artigo 173, § 1º, da Carta Magna), a inconstitucionalidade do dispositivo legal em causa decorre de outro fundamento: o de que esse § 1º indiretamente pressupõe que a aposentadoria espontânea desses empregados extingue automaticamente o vínculo empregatício, o que violaria os preceitos constitucionais relativos à proteção do trabalho e à garantia à percepção dos benefícios previdenciários, alegação essa que deu margem ao deferimento de liminar na ADIn 1.721, circunstância que, por si só — fui um dos quatro votos vencidos —, é suficiente para que seja ela tida como relevante.

De outra parte, e à semelhança do que decidiu a maioria na ADIn 1.721, é conveniente a suspensão da eficácia desse dispositivo pelas repercussões sociais dele decorrentes.'

Do mesmo o modo, o ministro Marco Aurélio entendeu que 'a aposentadoria espontânea não é causa de resilição do ajuste firmado. No caso, inegavelmente há um contrato de trabalho, por envolver prestadores de serviços de empresas públicas e sociedade de economia mista'.

Dessa orientação divergiu o acórdão recorrido.

Nesse sentido, em situações idênticas à presente, o AI 498.061 (DJ 16.11.2004), o AI 467.619 (DJ 21.10.2004) e o AI 472.674 (DJ 11.10.2004), todos de relatoria do ministro Sepúlveda Pertence e referentes tanto aos empregados públicos como aos empregados privados.

Do exposto, com base no art. 544, § 3º e § 4º, do Código de Processo Civil, dou provimento ao agravo e o converto em recurso extraordinário, para, nos termos do art. 557, § 1º-A, do referido diploma legal, dele conhecendo, dar-lhe provimento. Determino que a parte ora agravada arque com os ônus da sucumbência.'[4]

[4] AI 556.247-6-SP, de 6.9.2005 (Helena Maria de Souza e Silva ou Helena Maria de Souza da Silva *vs.* Telecomunicações de São Paulo S/A — TELESP). Relator: Min. Joaquim Barbosa (DJ n. 187, de 28.9.2005, pp. 51-2). No mesmo sentido: AI 530.084-4-RS, de 4.10.2005 (Fanny Helena Sá Martins *vs.* Fundação para o Desenvolvimento de Recursos Humanos — FDRH). Relator: Cezar Peluso (DJ n. 198, Seção 1, de 14.10.2005, p. 56); AI 531.060-7-RJ, de 4.10.2005 (Antônio Cordeiro de Almeida *vs.* Companhia de Eletricidade do Estado do Rio de Janeiro — CERJ). Relator: Min. Cezar Peluso. (DJ n. 198, Seção 1, de 14.10.2005, p. 56); AI 530.405-2-SP, de 4.10.2005 (Célia Regina Fernandes *vs.* Petróleo Brasileiro S/A — PETROBRÁS). Relator: Min. Cezar Peluso. (DJ n. 198, Seção 1, de 14.10.2005, p. 56); AI 543.602-9-SP, de 6.9.2005 (Luiz Carlos Soares *vs.* Sylvania do Brasil Iluminação Ltda.). Relator: Min. Sepúlveda Pertence. (DJ n. 184, Seção 1, de 23.9.2005, p. 75); AI 530.417-3-RJ, de 5.9.2005 (Augusto Martins Caruncho *vs.* Companhia de Transportes Coletivos do Estado do Rio de Janeiro — CTC/RJ — Em Liquidação Extrajudicial). Relator: Min. Sepúlveda Pertence. (DJ n. 184, Seção 1, de 23.9.2005, p. 71); AI 533.998-2-DF, de 5.9.2005 (Maria Helena Rodrigues Machado *vs.* Brasil Telecom S/A). Relator: Min. Sepúlveda Pertence. (DJ n. 184, Seção 1, de 23.9.2005, pp. 71-2); AI 534.599-2-RS, de 5.9.2005 (Carlos Roberto Ferreira Lopes *vs.* Brasil Telecom S/A). Relator: Min. Sepúlveda Pertence. (DJ n. 184, Seção 1, de 23.9.2005, p. 72); AI 534.993-1-SP, de 5.9.2005 (Natalino Gonçalves *vs.* Squadra Indústria e Comércio Ltda.). Relator: Min. Sepúlveda Pertence. (DJ n. 184, Seção 1, de 23.9.2005, p. 72); AG REG no AI 461.639-4-SP, de 26.9.2005 (José Antônio Rodrigues *vs.* Indústria Romi). Relator: Min. Sepúlveda Pertence. (DJ n. 193, Seção 1, de 6.10.2005, p. 19); AI 524.821-2-PR, de 4.10.2005 (Francisco Quirino Leal *vs.* Companhia de Desenvolvimento Agropecuária do Paraná — CODAPAR). Relator: Min. Cezar Peluso. (DJ n. 198, Seção 1, de 14.10.2005, p. 55).

2. TRABALHADOR RURAL

A. CONTRIBUIÇÃO. FUNRURAL

O tema abaixo cuida de contribuição do empregador rural para o FUNRURAL. O relator, Min. Marco Aurélio, a 17.11.2005, proferiu seu voto, no RE 363.852-1-MG, seguindo-se pedido de vista do Min. Eros Grau. O registro acerca desse julgamento é o seguinte:

"O Tribunal iniciou julgamento de recurso extraordinário em que se discute a constitucionalidade do art. 1º da Lei n. 8.540/92, que, dispondo sobre a contribuição do empregador rural para a seguridade social — FUNRURAL, altera dispositivos da Lei n. 8.212/91 (artigos 12, V e VII; 25, I e II; 30, IV). Na espécie, os recorrentes, empresas adquirentes de bovinos de produtores rurais, impugnam acórdão do TRF da 1ª Região que, com base na referida legislação, desprovera sua apelação, ao fundamento de serem eles responsáveis, por substituição tributária, pela retenção e recolhimento das contribuições sociais dos empregadores rurais, pessoas naturais, incidentes sobre a receita bruta da comercialização dos produtos. Sustentam ofensa aos artigos 146, III; 154, I; e 195, I, e §§ 4º e 8º, da CF. O Min. Marco Aurélio, relator, conheceu do recurso e deu-lhe provimento para desobrigar os recorrentes da retenção e do recolhimento aludidos, declarando a inconstitucionalidade do art. 1º da Lei n. 8.540/92. Entendeu que houve bitributação, ofensa ao princípio da isonomia e criação de nova fonte de custeio sem lei complementar. Considerando as exceções à unicidade de incidência de contribuição previstas nos artigos 239 e 240 das Disposições Constitucionais Gerais, concluiu que se está exigindo do empregador rural, pessoa natural, a contribuição social sobre a folha de salários, como também, tendo em conta o faturamento, da COFINS, e sobre o valor comercializado de produtos rurais (Lei n. 8.212/91, art. 25), quando o produtor rural, sem empregados, que exerça atividades em regime de economia familiar, só contribui, por força do disposto no art. 195, § 8º, da CF, sobre o resultado da comercialização da produção. Além disso, a incidência da contribuição sobre a receita

bruta proveniente da comercialização pelo empregador rural, pessoa natural, constitui nova fonte de custeio criada sem observância do art. 195, § 4º, da CF, uma vez que referida base de cálculo difere do conceito de faturamento e do de receita. Após, o julgamento foi suspenso com o pedido de vista do Min. Eros Grau."[5]

B. MENOR DE 14 ANOS. TEMPO DE SERVIÇO

O tempo de serviço de rurícola menor de 14 anos de idade deve ser contado, tendo o Excelso Pretório, julgando, a 15.2.2005, o AI 529.694-1-RS, em que é relator o Min. Gilmar Mendes, entendido que a nulidade do contrato não elimina a possibilidade do cômputo desse tempo para fins previdenciários. A ementa do aresto é a seguinte:

> *"1. Agravo de instrumento. 2. Trabalhador rural ou rurícola menor de quatorze anos. Contagem de tempo de serviço. Art. 11, VII, da Lei n. 8213. Possibilidade. Precedentes. 3. Alegação de violação aos arts. 5º, XXXVI; e 97, da CF/88. Improcedente. Impossibilidade de declaração de efeitos retroativos para o caso de declaração de nulidade de contratos trabalhistas. Tratamento similar na doutrina do direito comparado: México, Alemanha, França e Itália. Norma de garantia do trabalhador que não se interpreta em seu detrimento. Acórdão do STJ em conformidade com a jurisprudência desta Corte. 4. Precedentes citados: AgRAI 105.794, 2ª T., Rel. Aldir Passarinho, DJ 02.05.86; e RE 104.654, 2ª T., Rel. Francisco Rezek, DJ 25.04.86 5. Agravo de instrumento a que se nega provimento."*[6]

---

[5] Informativo STF n. 409, de 23.11.2005, p. 2. RE 363.852-1-MG, em 17.11.2005. (Frigorífico Mataboi S/A e outro(a/s) *vs.* Instituto Nacional do Seguro Social — INSS). Relator: Min. Marco Aurélio.

[6] AI 529.694-1-RS, de 15.2.2005. (Instituto Nacional do Seguro Social — INSS *vs* Eliseu Valdir Grohe). Relator: Min. Gilmar Mendes (DJ n. 48, Seção 1, de 11.3.2005, p. 43).

PARTE VI

OUTROS TEMAS

1. *BEM DE FAMÍLIA. FIADOR. IMPENHORABILIDADE*

Entendeu o Min. Carlos Velloso, ao exame do RE 415.563-0-SP, a 3.5.2005, que bem de família, imóvel residencial do casal, pertencente a fiador, é impenhorável. A ementa do julgado é a seguinte:

"CONSTITUCIONAL — CIVIL — FIADOR — BEM DE FAMÍLIA — IMÓVEL RESIDENCIAL DO CASAL OU DE ENTIDADE FAMILIAR — IMPENHORABILIDADE. *Lei n. 8.009/90, arts. 1º e 3º. Lei n. 8.245, de 1991, que acrescentou o inciso VII, ao art. 3º, ressalvando a penhora por obrigação decorrente de fiança concedida em contrato de locação: sua não-recepção pelo art. 6º, CF, com a redação da EC n. 26/2000. Aplicabilidade do princípio isonômico e do princípio de hermenêutica: ubi eadem ratio, ibi eadem legis dispositio: onde existe a mesma razão fundamental, prevalece a mesma regra de Direito. Recurso extraordinário conhecido e provido."*[1]

A decisão proferida tem o seguinte teor:

"Vistos. O acórdão recorrido, proferido pela Décima Segunda Câmara do Eg. Segundo Tribunal de Alçada Civil do Estado de São Paulo, entendeu ser penhorável, nos termos do art. 3º, VII, da Lei n. 8.009/90, redação dada pelo art. 82 da Lei n. 8.245/91, o bem de família do fiador de contrato de locação.

Daí o RE, interposto por RITA MARIA DOS SANTOS, fundado no art. 102, III, a, da Constituição Federal, sustentando, a impenhorabilidade do bem de família do fiador em contrato de locação, dado que a Constituição Federal, art. 6º, que assegura o direito à moradia, não recepcionou o disposto no art. 3º, VII, da Lei n. 8.009/90, redação da Lei n. 8.245/91.

Admitido o recurso, subiram os autos.

---

[1] RE 415.563-0-SP, de 3.5.2005 (Rita Maria dos Santos *vs.* Paulina Neves). Relator: Min. Carlos Velloso. (DJ n. 101, Seção 1, de 30.5.2005, p. 99).

A Procuradoria-Geral da República, em parecer lavrado pelo ilustre Subprocurador-Geral da República, Dr. Paulo de Tarso Braz Lucas, opinou pelo não provimento do recurso extraordinário.

Autos conclusos em 25.4.2005.

Decido."

Ao julgar o RE 352.940/SP, em 26.4.2005, escrevi:

'EMENTA: CONSTITUCIONAL — CIVIL — FIADOR — BEM DE FAMÍLIA — IMÓVEL RESIDENCIAL DO CASAL OU DE ENTIDADE FAMILIAR — IMPENHORABILIDADE. Lei n. 8.009/90, arts. 1º e 3º. Lei n. 8.245, de 1991, que acrescentou o inciso VII, ao art. 3º, ressalvando a penhora 'por obrigação decorrente de fiança concedida em contrato de locação': sua não-recepção pelo art. 6º, CF, com a redação da EC n. 26/2000. Aplicabilidade do princípio isonômico e do princípio de hermenêutica: ubi eadem ratio, ibi eadem legis dispositio: onde existe a mesma razão fundamental, prevalece a mesma regra de Direito. Recurso extraordinário conhecido e provido.

(...)

A Lei n. 8.009, de 1990, art. 1º, estabelece a impenhorabilidade do imóvel residencial do casal ou da entidade familiar e determina que não responde o referido imóvel por qualquer tipo de dívida, salvo nas hipóteses previstas na mesma lei, art. 3º, inciso I a VI.

Acontece que a Lei n. 8.245, de 18.10.91, acrescentou o inciso VII, a ressalvar a penhora 'por obrigação decorrente de fiança concedida em contrato de locação.'

É dizer, o bem de família de um fiador em contrato de locação teria sido excluído da impenhorabilidade.

Acontece que o art. 6º da CF, com a redação da EC n. 26, de 2000, ficou assim redigido:

'Art. 6º. São direitos sociais a educação, a saúde, o trabalho, a moradia, a segurança, a previdência social, a proteção à maternidade e à infância, a assistência aos desamparados, na forma desta Constituição.'

Em trabalho doutrinário que escrevi 'Dos Direitos Sociais na Constituição do Brasil', texto básico de palestra que proferi na Universidade de Carlos III, em Madri, Espanha, no Congresso Internacional de Direito do Trabalho, sob o patrocínio da Universidade Carlos III e da ANAMATRA, em 10.3.2003, registrei que o direito à moradia, estabelecido no art. 6º, CF, é um direito fundamental de 2ª geração, direito social, que veio a ser reconhecido pela EC n. 26, de 2000.

O bem de família, a moradia do homem e sua família, justifica a existência de sua impenhorabilidade: Lei n. 8.009/90, art. 1º. Essa impenhorabilidade decorre de constituir a moradia um direito fundamental.

Posto isso, veja-se a contradição: a Lei n. 8.245, de 1991, excepcionando o bem de família do fiador, sujeitou o seu imóvel residencial, imóvel residencial próprio do casal, ou da entidade familiar, à penhora. Não há dúvida que ressalva trazida pela Lei n. 8.245, de 1991, inciso VII do art. 3º, feriu de morte o princípio isonômico, tratando desigualmente situações iguais, esquecendo-se do velho brocardo latino: ubi eadem ratio, ibi eadem legis dispositio, ou em vernáculo: onde existe a mesma razão fundamental, prevalece a mesma regra de Direito.

Isto quer dizer que, tendo em vista o princípio isonômico, o citado dispositivo, inciso VII do art. 3º, acrescentado pela Lei n. 8.245/91, não foi recebido pela EC n. 26, de 2000.

Essa não recepção mais se acentua diante do fato de a EC n. 26, de 2000, ter estampado, expressamente, no art. 6º, CF, o direito à moradia como direito fundamental de 2ª geração, direito social. Ora, o bem de família, Lei n. 8.009/90, art. 1º, encontra justificativa, foi dito linha atrás, no constituir o direito à moradia um direito fundamental que deve ser protegido e por isso mesmo encontra garantia na Constituição.

Em síntese, o inciso VII do art. 3º da Lei n. 8.009, de 1990, introduzido pela Lei n. 8.245, de 1991, não foi recebido pela CF, art. 6º, redação da EC n. 26/2000.

Do exposto, conheço do recurso e dou-lhe provimento, invertidos os ônus da sucumbência'.

Reportando-me à decisão acima transcrita, conheço do recurso e dou-lhe provimento.

Publique-se."

2. *ESTATUTO DA ADVOCACIA*[2]

Sucessivas vistas no ADIn 1.194-4-DF, em que é relator o Min. Maurício Correa, tem ocorrido. Nessa ação, é pretendida a declaração de inconstitucionalidade dos arts. 1º, § 2º, 21, 22, 23, 24, § 3º, e 78 da Lei n. 8.906/94 (Estatuto da Advocacia). Desde 25.8.2005, o processo encontra-se com vistas do Min. Joaquim Barbosa.

Consta registro com o voto de vista do Min. Gilmar Mendes, que é o seguinte:

> *"O Tribunal retomou julgamento de ação direta de inconstitucionalidade ajuizada pela Confederação Nacional da Indústria — CNI contra dispositivos, a seguir transcritos, da Lei n. 8.906/94 — Estatuto da Advocacia e a Ordem dos Advogados do Brasil: art. 1º, § 2º: 'Os atos e contratos constitutivos de pessoas jurídicas, sob pena de nulidade, só podem ser admitidos a registro, nos órgãos competentes, quando visados por advogados.'; art. 21: 'Nas causas em que for parte o empregador, ou pessoa por este representada, os honorários de sucumbência são devidos aos advogados dos empregados. Parágrafo único. Os honorários de sucumbência, percebidos por advogado empregado de sociedade de advogados são partilhados entre ele e a empregadora, na forma estabelecida em acordo.'; art. 22: 'A prestação de serviço profissional assegura aos inscritos na OAB o direito aos honorários convencionados, aos fixados por arbitramento judicial e aos de sucumbência.'; art. 23: 'Os honorários incluídos na condenação, por arbitramento ou sucumbência, pertencem ao advogado, tendo este o direito autônomo para executar a sentença nesta parte, podendo requerer que o precatório, quando necessário, seja expedido em seu favor.'; art. 24, § 3º: 'É nula qualquer disposição, cláusula, regulamento ou convenção individual ou coletiva que retire do advogado o direito ao recebimento dos honorários de sucumbência.'; art. 78: 'Cabe ao Conselho Federal da OAB, por deliberação de dois terços, pelo menos, das dele-*

[2] V., nesta coletânea, sobre advocacia, v. 7, p. 174, e v. 8, p. 41.

gações, editar o Regulamento Geral deste Estatuto, no prazo de seis meses, contados da publicação desta Lei.' — v. Informativo 338.

Em relação ao § 2º do art. 1º da lei em questão, o Min. Gilmar Mendes, em voto-vista, acompanhando a divergência, no ponto, iniciada pelo Min. Marco Aurélio, julgou procedente o pedido. Entendeu que o dispositivo impugnado tem caráter eminentemente corporativista e viola o princípio da proporcionalidade, porquanto a medida interventiva nele prevista mostra-se inadequada, haja vista a ausência de qualquer relação plausível entre o meio utilizado e objetivos pretendidos pelo legislador, bem como desnecessária, em razão da existência de inúmeras outras alternativas menos gravosas para os interessados, no que diz respeito à boa elaboração dos atos constitutivos das pessoas jurídicas. Em seguida, após os votos dos Ministros Joaquim Barbosa, Carlos Britto e Cezar Peluso, que acompanhavam a dissidência, e os votos dos Ministros Carlos Velloso, Celso de Mello e Nelson Jobim, que acompanhavam o relator, o julgamento foi suspenso, quanto ao § 2º do art. 1º, para aguardar o voto da Min. Ellen Gracie.

Prosseguindo no julgamento, o Min. Gilmar Mendes, no tocante ao art. 21, caput, e seu parágrafo único, julgou procedente o pedido, declarando a inconstitucionalidade do dispositivo com eficácia ex nunc, adotando os fundamentos expostos nos votos dos Ministros Marco Aurélio e Cezar Peluso, no sentido de que os honorários de sucumbência, a teor do disposto no art. 20 do CPC, são devidos à parte vencedora, e de que o direcionamento, ao advogado, da verba honorária destinada, por natureza, a compensar o dano causado àquele que teve o ônus próprio de ir ao Judiciário para ter sua razão reconhecida, implica indevido desfalque do patrimônio deste, violando o art. 5º, XXXV, da CF. Quanto ao art. 24, o Min. Gilmar Mendes acompanhou o voto do relator, dando pela procedência do pedido, para declarar a inconstitucionalidade do artigo, propondo, no entanto, efeitos ex nunc. Após, pediu vista dos autos o Min. Joaquim Barbosa."[3]

[3] Informativo STF n. 393 de 29.6.2005, pp. 1-2. ADIn 1.194-4-DF, em 25.8.2005 (Confederação Nacional da Indústria — CNI *vs.* Presidente da República e Congresso Nacional). Relator: Min. Maurício Corrêa.

3. *SENTENÇA ESTRANGEIRA. HOMOLOGAÇÃO. EMENDA N. 45/2004*

A competência para homologar sentença estrangeira e conceder *exequatur* à carta rogatória passiva, a partir da Emenda Constitucional n. 45/2004, passou a ser do Superior Tribunal de Justiça, e não do STF. Acerca desse tema, e antes da mencionada Emenda, escrevi[4], e, presentemente, embora modificada a competência original, a essência do procedimento homologatório não se alterou.

Apreciando a SEC-5.778-0-EUA, o Min. Celso de Mello proferiu esclarecedora decisão a respeito. A ementa do decisório é a seguinte:

> *"HOMOLOGAÇÃO DE SENTENÇA ESTRANGEIRA E CONCESSÃO DE EXEQUATUR ÀS CARTAS ROGATÓRIAS PASSIVAS — EVOLUÇÃO DO TRATAMENTO NORMATIVO DESSE TEMA NO DIREITO POSITIVO BRASILEIRO (IMPÉRIO/REPÚBLICA) — LIMITES AO PODER DE DELIBAÇÃO DO TRIBUNAL DO FORO — SISTEMA DE CONTENCIOSIDADE LIMITADA — DOUTRINA — JURISPRUDÊNCIA — PROMULGAÇÃO DA EC N. 45/2004 — INCIDÊNCIA IMEDIATA DA NOVA REGRA DE COMPETÊNCIA CONSTITUCIONAL — SUPERVENIENTE CESSAÇÃO DA COMPETÊNCIA ORIGINÁRIA DO SUPREMO TRIBUNAL FEDERAL — ATRIBUIÇÃO JURISDICIONAL AGORA DEFERIDA AO SUPERIOR TRIBUNAL DE JUSTIÇA (CF, ART. 105, I, 'I') — INAPLICABILIDADE, AO CASO, DO POSTULADO DA PERPETUATIO JURISDICTIONIS (CPC, ART. 87, IN FINE) — REMESSA IMEDIATA DOS AUTOS AO E. SUPERIOR TRIBUNAL DE JUSTIÇA."*[5]

[4] V. o meu *Globalização do trabalho: rua sem saída*. São Paulo, LTr, 2001, pp.123-30.

[5] SEC-5.778-0-EUA, de 10.2.2005 (Ty Von Cunningham *vs.* Vilma Lopes Cunningham). Relator: Min. Celso de Mello (DJ n. 37, Seção 1, de 24.2.2005, p. 295).

ÍNDICES

ÍNDICE GERAL

INTRODUÇÃO 13

PARTE I — DIREITOS INDIVIDUAIS

1. Auxílio-doença. ADIn. Manutenção do contrato de trabalho após a sua cessação. Improcedência. 17
2. Dano moral. Base de cálculo 18
3. Policial militar. Relação de emprego 20

PARTE II — DIREITOS COLETIVOS

1. Entidades de classe. Legitimidade 25
2. Negociação coletiva. Convenção coletiva. Política salarial 26
3. Receita sindical. Contribuição sindical 28
4. Representatividade sindical 30

PARTE III — DIREITO PROCESSUAL

1. Ação civil pública. Competência. Servidor público admitido sem concurso 35
2. Ação rescisória. Autenticação de peças 38
3. Acidente do trabalho. Competência 40
4. Avulso. Competência 43
5. Celeridade processual. Emenda n. 45/2004 45
6. Dano moral. Competência 53
   A. Justa causa 53
   B. Acidente do trabalho. Justiça do Trabalho 53
   C. Acidente do Trabalho. Justiça Estadual 55
7. *Habeas corpus*. Emenda n. 45/2004. Competência 58
8. Juros. Art. 192, § 3º, da Constituição. Auto-aplicação. Impossibilidade 60
9. Precatório 62
   A. Autarquia 62
   B. Obrigação de pequeno valor 63
   C. Seqüestro 65

10. Recurso extraordinário ... 67
A. Decisão interlocutória. Descabimento ... 67
B. Decisão de Tribunal Regional. Descabimento ... 68
11. Registro público. Crime de desobediência. Cumprimento de dever legal ... 70
12. Segurança, higiene e saúde do trabalhador. Competência 71

PARTE IV — SERVIÇO PÚBLICO

1. Cartórios ... 75
A. Adicional por tempo de serviço ... 75
B. Serventuário. Concurso público ... 75
2. Concurso público ... 78
A. Alteração de edital. Impossibilidade ... 78
B. Aprovação. Direito à nomeação ... 78
C. Ascensão funcional ... 79
D. Idade limite ... 80
E. Isonomia ... 81
3. Conselho Nacional de Justiça. Constitucionalidade. Composição. Emenda n. 45/2004 ... 83
4. Conselho Superior do Ministério Público. Legitimidade. Composição. Emenda n. 45/2004 ... 88
5. Magistrado ... 90
A. Aposentadoria. Penalidade ... 90
B. Aposentadoria. Tempo de serviço ... 91
C. Exercício cumulativo com o magistério ... 92
D. Férias coletivas ... 93
6. Servidor Público ... 94
A. Competência ... 94
B. Demissão. Processo válido. Competência para demitir 105
C. Desvio temporário de função ... 106
D. Extinção de gratificação e vantagens ... 108
E. Greve. Incompetência do STF para apreciar legalidade 109
F. Trabalho temporário ... 111
G. Vantagem pecuniária. Reserva legal ... 112
7. Triênio de atividade jurídica ... 116
A. Liminar concedida ... 116
B. Liminar negada ... 120

PARTE V — PREVIDÊNCIA SOCIAL

1. Contrato de trabalho. Continuidade 137
2. Trabalhador rural. 146
   A. Contribuição. Funrural 146
   B. Menor de 14 anos. Tempo de serviço 147

PARTE VI — OUTROS TEMAS

1. Bem de família. Fiador. Impenhorabilidade 151
2. Estatuto da Advocacia 154
3. Sentença estrangeira. Homologação. Emenda n. 45/2004 156

ÍNDICES

ÍNDICE GERAL 159

ÍNDICE DOS JULGADOS PUBLICADOS NA COLETÂNEA 162

ÍNDICE DOS MINISTROS DO STF PROLATORES DOS JULGADOS CITADOS 174

ÍNDICE TEMÁTICO 176

ÍNDICE DOS JULGADOS PUBLICADOS NA COLETÂNEA

Volumes 1 a 9

N. do Julgado	Volume	Página
AC 340-7-RJ	8	54
AC 9.690-SP	1	41
AC 340-7-RJ	8	54
AC 9.690-SP	1	41
AC 9.696-3-SP	1	40
ACO 533-9-PI	2	23
ACO (AGRG) 524-0-SP	7	68
ADIn 100-1-MG	8	88
ADIn 254-6-GO	7	48
ADIn 271-6-DF	5	35
ADIn 306-2-DF	4	85
ADIn 492-1-DF	1	102
ADIn 609-6-DF	6	197
ADIn 639-8-DF	9	17
ADIn 953-2-DF	7	176
ADIn 990-7-MG	7	45
ADIn 1.040-9-DF	6	170
ADIn 1.194-4-DF	9	154
ADIn 1.404-8-SC	4	167
ADIn 1.439-1-DF	7	19
ADIn 1.458-7-DF	1	19
ADIn 1.480-3-DF	2/5	59/15
ADIn 1.484-6-DF	5	170
ADIn 1.661-1-PA	7	120
ADIn 1.662-7-DF	2/5	120/75
ADIn 1.675-1-DF	1	29
ADIn 1.696-0-SE	6	59
ADIn 1.721-3-DF	1	46
ADIn 1.721-3-DF	2	31
ADIn 1.749-5-DF	4	163
ADIn 1.753-2-DF	2	165

ADIn 1.770-4-DF	2	31
ADIn 1.797-0-PE	4	148
ADIn 1.849-0-DF	3	125
ADIn 1.878-0-DF	2/6/7	34/96/137
ADIn 1.880-4-DF	2	90
ADIn 1.912-3-RJ	3	35
ADIn 1.946-5-DF	7	132
ADIn 1.953-8-ES	4	59
ADIn 1.967-8-DF	4	163
ADIn 1.971-6-SP	5	163
ADIn 2.010-8-DF	6	200
ADIn 2.024-2-DF	4	164
ADIn 2.054-4-DF	7	182
ADIn 2.093-6-SC	8	103
ADIn 2.098-6-AL	5	127
ADIn 2.105-2-DF	4/5	146/187
ADIn 2.107-9-DF	5	127
ADIn 2.160-5-DF	4	105
ADIn 2.180-0-SP	5	163
ADIn 2.201-6-DF	7	93
ADIn 2.310-1-DF	5	95
ADIn 2.652-8-DF	7	174
ADIn 2.679-8-AL	6	49
ADIn 2.687-9-PA	7	128
ADIn 2.931-2-RJ	9	78
ADIn 3.030-2-AP	9	79
ADIn 3.068-0-DF	9	11
ADIn 3.085-0-CE	9	93
ADIn 3.105-8-DF	8	121
ADIn 3.224-1-AP	8	91
ADIn 3.367-1-DF	9	83
ADIn 3.395-6-DF	9	94
ADIn-MC 1.121-9-RS	1	50
ADIn-MC 1.567-2-DF	1	100
ADIn-MC 1.721-3-DF	7	22
ADIn-MC 2.111-7-DF	7	139
ADIn-MC 2.176-1-RJ	4	177
ADIn-MC 3.126-1-DF	8/9	92/92
ADIn-MC 3.472-3-DF	9	117
ADPF-MC 54-8-DF	8	155
AG-AI 156.338-0-PR	1	60
AG-AI 214.076-8-RS	2	123
AG-AI 223.271-7-MG	3	13
AGRAG 248.880-1-PE	4	109

N. do Julgado	Volume	Página
AGRAG 324.304-7-SP	6	157
AG-RE 220.170-2-SP	2	64
AG-RE 227.899-9-MG	2	19
AG-RE 241.935-8-DF	4	49
AG(AGRG) 258.885-1-RJ	4	108
AG(AGRG) 316.458-1-SP	6	162
AGRG-ADIn- 3.153-8-DF	9	25
AGRG-AI 171.020-9-CE	5	39
AGRG-AI 267.115-7-DF	4	137
AGRG-AI 238.385-6-PR	5	70
AGRG-AI 410.330-0-SP	7	60
AGRG-AI 416.962-2-ES	7	17
AGRG-AI 453.737-1-RJ	7	89
AGRG-AO 820-4-MG	7	116
AGRG-MS 25.489-1-DF	9	122
AGRG-RE 222.368-4-PE	7	66
AGRG-RE 273.834-4-RS	5	192
AGRG-RE 281.901-8-SP	5	47
AGRG-RE 299.671-8-RS	6	160
AGRG-RE 347.334-7-MG	7	90
AGRG-RG 269.309-0-MG	5	58
AI 139.671-(AGRG)-DF	1	43
AI 153.148-8-PR	1	60
AI 208.496-9-ES	2	102
AI 210.106-0-RS	2	55
AI 210.466-6-SP	2	45
AI 212.299-0-SP	2	15
AI 212.918-1-DF	2	149
AI 215.008-6-ES	2	36
AI 216.530-8-MG	2	132
AI 216.786-2-SP	2	81
AI 218.578-8-PR	2	125
AI 220.222-2-DF	2	85
AI 220.739-5-SP	2	106
AI 224.483-5-PB	4	44
AI 229.862-4-RS	3	15
AI 233.762-1-RS	3	105
AI 233.835-8-RS	3	90
AI 237.680-1-SP	3	50
AI 238.733-1-MG	3	56
AI 240.632-6-RS	3	121
AI 243.418-0-MG	3	101
AI 244.136-6-SP	3	20

N. do Julgado	Volume	Página
AI 244.154-4-SP	3	71
AI 244.672-0-SP	3	40
AI 245.136-1-RS	3	94
AI 248.256-2-SP	3	43
AI 248.764-1-DF	3	26
AI 249.021-1-SP	3	46
AI 249.470-7-BA	4	96
AI 249.539-2-BA	8	87
AI 249.600-3-MG	3	30
AI 260.198-8-MG	4	124
AI 260.553-8-SP	4	91
AI 260.700-5-DF	4	28
AI 265.946-8-PR	4	73
AI 266.186-4-GO	4	15
AI 270.156-1-RS	5	42
AI 273.327-1-BA	4	173
AI 277.315-1-SC	4	87
AI 277.432-8-PB	4	41
AI 277.651-4-BA	4	47
AI 279.422-1-DF	4	139
AI 290.222-6-AM	5	64
AI 294.013-4-RS	5	79
AI 321.083-2-DF	5	82
AI 321.503-9-MS	5	51
AI 329.165-6-RJ	5	128
AI 341.920-9-RS	5	143
AI 342.272-1-DF	5	125
AI 359.319-5-SP	5	54
AI 388.729-8-PE	6	117
AI 388.895-1-PB	6	115
AI 429.939-2-PE	7	88
AI 436.821-2-PE	7	85
AI 449.252-3-SP	7	103
AI 460.355-7-SP	7	118
AI 457.801-1-DF	8	58
AI 457.863-2-RS	8	28
AI 462.201-0-SP	7	81
AI 465.867-8-MG	9	75
AI 474.751-1-SP	8	68
AI 477.294-5-PI	7	26
AI 478.276-1-RJ	8	44
AI 498.062-2-SP	8	76
AI 500.356-5-RJ	8	44

N. do Julgado	Volume	Página
AI 511.972-0-SP	8	85
AI 513.028-1-ES	8	69
AI 514.509-8-MG	8	26
AI 518.101-6-MG	8	75
AI 523.628-8-PR	9	67
AI 525.295-8-BA	9	20
AI 525.434-3-MT	9	38
AI 526.389-1-SP	9	71
AI 529.694-1-RS	9	147
AI 531.237-0-RS	9	68
AI 533.705-2-DF	9	112
AI 535.068-3-SP	9	28
AI 538.917-7-AL	9	106
AI 539.419-9-MG	9	80
AI 556.247-6-SP	9	142
AO 206-1-RN	7	61
AO 757-7-SC	7	110
AO 764-0-DF	7	113
AO 931-6-CE	7	108
AR 1.371-5-RS	5	135
AR-AI 134.687-GO	1	37
AR-AI 150.475-8-RJ	1	77
AR-AI 198.178-RJ	1	114
AR-AI 199.970-0-PE	3	88
AR-AI 218.323-0-SP	3	112
AR-AI 245.235-9-PE	3	113
AR-AI 437.347-3-RJ	8	43
AR-AI 510.244-2-RJ	9	19
CC 6.968-5-DF	1	80
CC 6.970-7-DF	1	79
CC 7.040-4-PE	6	95
CC 7.043-9-RO	6	91
CC 7.053-6-RS	6	102
CC 7.074-0-CE	6	109
CC 7.079-1-CE	8	51
CC 7.091-9-PE	5	56
CC 7.116-8-SP	6	119
CC 7.118-4-BA	6	114
CC 7.134-6-RS	7	58
CC 7.149-4-PR	7	56
CC 7.165-6-ES	8	45
CC 7.171-1-SP	8	48
CC 7.204-1-MG	9	54

N. do Julgado	Volume	Página
CR 9.897-1-EUA	6	214
ED-ED-RE 191.022-4-SP	2	96
ED-ED-RE 194.662-8-BA	7/9	40/26
ER-RE 190.384-8-GO	4	35
ED-RE 194.707-1-RO	3	86
ED-RE 348.364-1-RJ	8	22
HC 77.631-1-SC	7	183
HC 80.198-6-PA	4	78
HC 81.319-4-GO	6	212
HC 84.270-4-SP	8	41
HC 85.096-1-MG	9	58
HC 85.911-9-MG	9	70
IF 607-2-GO	2	115
MC em ADIn 3.395-6-DF	9	98
MC em MS 24.744-4-DF	8	110
MC em MS 25.027-5-DF	8	104
MC em MS 25.498-8-DF	9	130
MC em MS 25.849-1-DF	9	120
MC em MS 25.503-0-DF	9	116
MC em MS 25.511-1-DF	9	132
MC em Rcl. 2.363-0-PA	7	74
MC em Rcl. 2.653-1-SP	8	117
MC em Rcl. 2.670-1-PR	8	114
MC em Rcl. 2.684-1-PI	8	61
MC em Rcl. 2.772-4-DF	8	99
MC em Rcl. 2.804-6-PB	8	72
MC em Rcl. 2.879-6-PA	8	65
MC em Rcl. 3.183-7-PA	9	98
MC em Rcl. 3.431-3-PA	9	102
MC em Rcl. 3.760-6-PA	9	35
MI 20-4-DF	1	86
MI 102-2-PE	6	133
MI 347-5-SC	1	85
MI 585-9-TO	6	59
MI 615-2-DF	9	45
MI 670-7-DF	7	41
MI 692-0-DF	7	23
MS 21.143-1-BA	2	93
MS 22.498-3-BA	2	34
MS 23.441-5-DF	2	34
MS 23.671-0-PE	4	80
MS 23.912-3-RJ	5	197
MS 24.008-3-DF	9	91

N. do Julgado	Volume	Página
MS 24.414-3-DF	7	107
MS 24.913-7-DF	8	78
MS 25.191-3-DF	9	90
MS 25.326-6-DF	9	118
MS 25.496-3-DF	9	124
MSMC 21.101-DF	1	38
MCMS 24.637-5-DF	7	98
Petição 1.984-9-RS	7	177
Petição 2.793-1-MG	6	226
Petição 2.933-0-ES	7	54
RE 109.085-9-DF	3	127
RE 109.450-8-RJ	3	75
RE 113.032-6-RN	6	70
RE 117.670-9-PB	2	160
RE 118.267-9-PR	1	76
RE 126.237-1-DF	4	110
RE 131.032-4-DF	1	80
RE 134.329-0-DF	3	82
RE 141.376-0-RJ	5	93
RE 144.984-5-SC	2	111
RE 146.361-9-SP	3	76
RE 146.822-0-DF	1	52
RE 150.455-2-MS	3	104
RE 157.057-1-PE	3	81
RE 158.007-1-SP	6	188
RE 157.428-3-RS	3	29
RE 158.448-3-MG	2	164
RE 159.288-5-RJ	1	52
RE 165.304-3-MG	5	194
RE 172.293-2-RJ	2	92
RE 175.892-9-DF	4	132
RE 176.639-5-SP	1	68
RE 181.124-2-SP	2	163
RE 182.543-0-SP	1	62
RE 183.883-3-DF	3	24
RE 183.884-1-SP	3	115
RE 187.229-2-PA	3	114
RE 187.955-6-SP	3	114
RE 189.960-3-SP	5	44
RE 190.384-8-GO	4	36
RE 190.844-1-SP	4	60
RE 191.022-4-SP	1	68
RE 193.579-1-SP	7	47

N. do Julgado	Volume	Página
RE 193.943-5-PA	2	130
RE 194.151-1-SP	2	109
RE 194.662-8-BA	5/6	37/69
RE 194.952-0-MS	5	117
RE 195.533-3-RS	2	33
RE 196.517-7-PR	5	57
RE 197.807-4-RS	4	32
RE 197.911-9-PE	1	74
RE 198.092-3-SP	1	66
RE 199.142-9-SP	4	57
RE 200.589-4-PR	3	64
RE 201.572-5-RS	5	157
RE 202.063-0-PR	1	59
RE 202.146-6-RS	3	130
RE 203.271.9-RS	2	95
RE 204.126-2-SP	6	187
RE 204.193-9-RS	5	156
RE 205.160-8-RS	3	77
RE 205.170-5-RS	2	48
RE 205.701-1-SP	1	36
RE 205.815-7-RS	1	27
RE 206.048-8-RS	5	195
RE 206.220-1-MG	3	74
RE 207.374-1-SP	2	109
RE 207.858-1-SP	3	67
RE 209.174-0-ES	2	149
RE 210.029-1-RS	7	47
RE 210.069-2-PA	3	132
RE 210.638-1-SP	2	123
RE 212.118-5-SP	5	59
RE 213.015-0-DF	6	134
RE 213.111-3-SP	7	47
RE 213.244-6-SP	2	40
RE 213.792-1-RS	2	98
RE 214.668-1-ES	7	47
RE 215.411-3-SP	5	30
RE 215.624-8-MG	4	106
RE 216.214-1-ES	4	142
RE 216.613-8-SP	4	52
RE 217.162-2-DF	3	125
RE 217.328-8-RS	4	50
RE 217.335-5-MG	4	43
RE 219.434-0-DF	6	19

N. do Julgado	Volume	Página
RE 220.613-1-SP	4	31
RE 222.334-2-BA	5	25
RE 222.368-4-PE	6	124
RE 222.560-2-RS	2/6	51/32
RE 224.667-9-MG	3	38
RE 225.016-1-DF	5	113
RE 225.488-1-PR	4	33
RE 225.872-5-SP	8	33
RE 226.204-6-DF	6	30
RE 226.855-7-RS	4	17
RE 227.410-9-SP	4	13
RE 227.899-8-MG	2	17
RE 228.035-7-SC	7	122
RE 230.055-1-MS	3	59
RE 231.466-5-SC	6	54
RE 232.787-0-MA	3	79
RE 233.664-9-DF	5	40
RE 233.906-2-RS	9	86
RE 234.009-4-AM	3	110
RE 234.068-1-DF	8	109
RE 234.186-3-SP	5	23
RE 234.535-9-RS	5	60
RE 235.623-8-ES	9	75
RE 235.643-9-PA	4	36
RE 236.449-1-RS	3	131
RE 237.965-3-SP	4	34
RE 238.737-4-SP	2	44
RE 239.457-5-SP	6	22
RE 240.627-8-SP	3	53
RE 241.372-3-SC	5	142
RE 243.415-9-RS	4	178
RE 244.527-4-SP	3	129
RE 245.019-7-ES	3	65
RE 247.656-1-PR	5	29
RE 248.282-0-SC	5	123
RE 248.857-7-SP	6	167
RE 249.740-1-AM	3	75
RE 252.191-4-MG	5	158
RE 254.518-0-RS	4	171
RE 254.871-5-PR	5	29
RE 256.707-8-RJ	9	53
RE 257.063-0-RS	5	152
RE 257.836-3-MG	6	82

N. do Julgado	Volume	Página
RE 259.713-9-PB	5	120
RE 260.168-3-DF	4	179
RE 261.344-4-DF	6	194
RE 263.381-0-ES	6	25
RE 264.299-1-RN	4	100
RE 265.129-0-RS	4	37
RE 273.347-4-RJ	4	46
RE 275.840-0-RS	5	122
RE 278.946-1-RJ	8	19
RE 281.297-8-DF	5	26
RE 284.627-9-SP	6	18
RE 284.753-6-PA	6	183
RE 287.024-2-RS	8	35
RE 287.925-8-RS	8	20
RE 289.090-1-SP	5	44
RE 291.876-8-RJ	5	155
RE 292.160-2-RJ	5	77
RE 293.231-1-RS	5	78
RE 293.287-6-SP	6	85
RE 293.932-3-RJ	5	86
RE 299.075-5-SP	5	130
RE 305.513-9-DF	6	83
RE 308.107-1-SP	5	147
RE 311.025-0-SP	6	181
RE 318.106-8-RN	9	78
RE 329.336-2-SP	6	17
RE 330.834-3-MA	6	177
RE 333.236-8-RS	6	145
RE 333.697-5-CE	6	20
RE 340.005-3-DF	6	112
RE 340.431-8-ES	6	53
RE 341.857-2-RS	6	192
RE 343.183-8-ES	6	178
RE 343.144-7-RN	6	176
RE 344.450-6-DF	9	109
RE 345.874-4-DF	6	158
RE 347.946-6-RJ	6	198
RE 349.160-1-BA	7	87
RE 350.822-9-SC	7	131
RE 351.142-4-RN	9	81
RE 353.106-9-SP	6	67
RE 356.711-0-PR	9	62
RE 362.483-1-ES	8	17

N. do Julgado	Volume	Página
RE 363.852-1-MG	9	146
RE 368.492-2-RS	7	134
RE 369.779-0-ES	7	17
RE 369.968-7-SP	8	39
RE 371.866-5-MG	9	40
RE 372.436-3-SP	7	188
RE 378.569-9-SC	7	126
RE 382.994-7-MG	9	18
RE 383.074-1-RJ	8	164
RE 383.472-0-MG	7	39
RE 387.259-1-MG	7	57
RE 387.389-0-RS	7	71
RE 390.881-2-RS	7	136
RE 392.303-8-SP	6	26
RE 392.976-3-MG	8	85
RE 394.943-8-SP	9	55
RE 395.323-4-MG	6	38
RE 396.092-0-PR	7	28
RE 403.832-3-MG	7	56
RE 415.563-0-SP	9	151
RE 419.327-2-PR	9	43
RE 441.063-0-SC	9	60
RE 444.361-9-MG	9	56
RE 449.420-5-PR	9	192
RE (Edu) 146.942-1-SP	6	108
RECL. 743-3-ES	8	72
RECL. 1.728-1-DF	5	118
RECL. 1.786-8-SP	5	72
RECL. 1.979-9-RN	6	148
RECL. 2.135-1-CE	9	65
RECL. 2.155-6-RJ	6/8	148/71
RECL. 2.267-6-MA	8	67
RECL. 3.322-8-PB	9	111
RECL. 3.900-5-MG	9	126
RO-MS 23.040-9-DF	3	103
RO-MS 24.309-4-DF	7	45
RO-MS 24.347-7-DF	7	105
SEC 5.778-0-EUA	9	156
SS 1.983-0-PE	7	94
SÚMULAS DO STF	7	143
TST-RE-AG-AI-RR 251.899/96.7	1	111
TST-RE-AG-E-RR 144.583/94.4	2	50

N. do Julgado	Volume	Página
TST-RE-AG-E-RR 155.923/95.9	1	92
TST-RE-AG-E-RR 286.778/96.5	1	25
TST-RE-AG-RC 343.848/97.8	2	112
TST-RE-AI-RR 242.595/96.2	1	106
TST-RE-AI-RR 242.708/96.5	2	137
TST-RE-AI-RR 286.743/96.7	1	56
TST-RE-AI-RR 299.174/96.7	1	104
TST-RE-AI-RR 305.874/96.8	1	24
TST-RE-AR 210.413/95.3	2	69
TST-RE-AR 278.567/96.5	1	33
TST-RE-ED-AI-RR 272.401/96.3	2	52
TST-RE-ED-E-RR 81.445/93.0	2	155
TST-RE-ED-E-RR 117.453/94.7	1	95
TST-RE-ED-E-RR 140.458/94.8	2	71
TST-RE-ED-E-RR 651.200/00.9	6	35
TST-RE-ED-RO-AR 331.971/96.9	4	102
TST-RE-ED-RO-AR 396.114/97.7	4	122
TST-RE-ED-RO-AR 501.336/98.0	6	164
TST-RE-ED-RO-AR 671.550/2000.2	7	51
TST-RE-E-RR 118.023/94.4	2	153
TST.RE.E.RR 411.239/97.8	7	43
TST-RE-RMA 633.706/2000.6	4	84
TST-RE-RO-AA 385.141/97.6	2	74
TST-RE-RO-AR 209.240/95.6	1	97
TST-RE-RO-DC 284.833/96.1	1	69

ÍNDICE DOS MINISTROS DO STF PROLATORES DOS JULGADOS CITADOS

VOLUMES 1 a 9

(O primeiro número (em negrito) corresponde ao volume e os demais às páginas iniciais dos julgados)

CARLOS AYRES DE BRITTO 7/23, **8**/54, **9**/30, 35, 53, 78, 102

CARLOS VELLOSO 1/27, 62, 66,79, 102; **2**/17, 19, 101; **3**/39, 59, 125; **5**/26,86,152,156; **6**/30, 32, 54, 83, 91, 117, 121, 158, 167, 171, 176, 178, 192, 226; **7**/17, 48, 54, 67, 109, 118, 122, 134, 136; **8**/ 103,104,110,114; **9**/79, 120, 122, 126, 151

CÉLIO BORJA 1/37

CELSO DE MELLO 1/, 19, 38, 50, 86; **2**/60, 109, 115; **3**/36, 86; **4**/15, 146; **5**/15, 39, 70, 164, 170, 187, 192; **6**/26, 95, 102, 124, 145, 162, 183, 200, 212; **7**/19, 53, 66, 89, 116, 183, 188; **8**/39, 43, 61, 78; **9**/25, 40, 45, 68, 75, 112, 132, 156

CEZAR PELUSO 7/106; **8**/35, 58, 68, 99, 117, 121; **9**/19, 43, 56, 63, 83, 116

ELLEN GRACIE 5/117, 157, 197; **6**/, 17, 18, 38, 119, 157, 170, 187, 211; **7**/57, 88, 108, 176; 8/16, 19, 20, 88, 91, 121; **9**/53, 65, 78, 81, 90, 109

EROS ROBERTO GRAU 8/26, 45, 48; **9**/55, 60, 110, 111, 124

GILMAR MENDES 6/148; **7**/58, 74, 120, 131; **8**/41, 65, 69, 71; **9**/26, 92, 147

ILMAR GALVÃO 1/46, 60, 68, 76, 77; **2**/31, 34, 90; **3**/29; **4**/31, 37, 49, 59, 148, 175; **5**/29, 127, 142; **6**/20, 53, 60, 112, 160, 177, 181, 196, 198; **7**/22, 137

JOAQUIM BARBOSA 7/57; **8**/44, 51, 72, 85; **9**/17, 98, 130, 142

MARCO AURÉLIO **1**/115; **2**/15, 23, 36, 40, 45, 48, 51, 64, 79, 81, 86, 92, 93, 96, 102, 106, 111, 125, 132, 139, 150, 164; **3**/15, 20, 26, 30, 35, 38, 40, 43, 46, 50, 56, 67, 71, 74, 81, 90, 94, 104, 105, 107, 110, 112, 114, 121, 125; **4**/28, 69, 74, 80, 87, 91, 96, 100, 106, 124, 129, 136, 139, 167, 173; **5**/37, 44, 51, 58, 59, 60, 64, 79, 82, 95, 122, 123, 143; **6**/69, 108, 133, 214; **7**/28, 40, 45, 71, 80, 94, 103, 113, 177; **8**/28, 44, 72, 76, 155, 164; **9**/18, 67, 70, 71, 118, 146

MAURÍCIO CORRÊA **1**/36; **2**/120; **3**/53, 63, 131, 132; **4**/43, 78, 109, 179; **5**/25, 72, 76, 78, 158; **6**/22, 67, 82, 114, 148, 197; **7**/34, 39, 41, 69, 90, 105, 126, 174, 181; **9**/154

MOREIRA ALVES **2**/, 32, 34, 123, 163; **3**/64, 76, 113; **4**/13, 17, 18, 19, 33, 34, 108; **5**/35, 125, 130, 153; **6**/19, 25, 41, 49

NELSON JOBIM **4**/51, 52, 58, 60, 163; **5**/40, 58, 195; **7**/60, 61, 93, 128; **8**/22, 67, 92; **9**/94

NÉRI DA SILVEIRA **1**/17, 41, 85; **2**/55, 109, 130, 160; **3**/24, 79, 82, 103, 117, 127; **4**/47, 72, 85, 132; **5**/30, 44, 47, 93, 118, 135, 147, 163; **6**/70, 86, 134, 189

OCTAVIO GALLOTTI **1**/59, 74; **2**/33, 77, 95, 98; **3**/130; **4**/32, 35, 50, 105; **5**/194

PAULO BROSSARD **1**/52

SEPÚLVEDA PERTENCE **1**/72, 80; **2**/24, 124, 149, 165; **3**/13, 18, 66, 75, 101, 114, 115; **4**/36, 46, 71, 110, 165, 170, 177; **5**/23, 54, 77, 120; **6**/59, 109, 115, 194; **7**/26, 56, 85, 87, 98, 182; **8**/33, 75, 85, 87, 109; **9**/20, 28, 38, 58, 75, 88, 91, 105, 106, 137

SYDNEY SANCHES **1**/40, 100; **3**/75, 77, 88, 129; **4**/44, 142, 171; **5**/42, 56, 113, 128; **7**/46, 132, 139

ÍNDICE TEMÁTICO

VOLUMES 1 a 9

(o primeiro número corresponde ao volume e o segundo à página inicial do julgado)

Ação Civil Pública, **3**/74, **7**/43, **8**/65, **9**/35

Ação Coletiva. Órgão de jurisdição nacional, **6**/41

Ação de Cumprimento
Competência da Justiça do Trabalho. Contribuições, **1**/79
Incompetência da Justiça do Trabalho. Litígio entre sindicato e empresa, anterior à Lei n. 8.984/95, **1**/80

Ação Rescisória
Ação de cumprimento de sentença normativa, **7**/51
Autenticação de peças, **9**/38
Indeferimento de liminar para suspender execução, **4**/69
Medida cautelar. Planos econômicos, **3**/90
URP. Descabimento, **5**/51

Acesso à Justiça
Celeridade, **9**/45
Presunção de miserabilidade, **2**/101

Acidente do trabalho
Competência, **7**/56, **8**/39, **9**/40, **9**/53, **9**/55
Responsabilidade do empregador, **6**/187
Rurícola, **6**/188
Seguro, **7**/131

Adicional de insalubridade
Aposentadoria. Tempo de serviço, **7**/134
Base de cálculo, **2**/15, **3**/13, **7**/17
Caracterização, **6**/17
Vinculação ou não ao salário mínimo, **4**/13, **6**/18, **7**/17

Adicional de periculosidade
Fixação do *quantum*. Inexistência de matéria constitucional, **3**/15
Percepção. Inexistência de matéria constitucional, **4**/15

ADIn
Agências reguladoras. Pessoal celetista, **5**/95
Aprovação em concurso público, **9**/78
Ascensão funcional, **9**/79
Associação. Ilegitimidade ativa, **5**/163, **9**/25
Auxílio-doença, **9**/17
Confederação. Legitimidade, **3**/35 **5**/163
Conselho Nacional de Justiça, **9**/83
Conselho Superior do Ministério Público, **9**/88
Efeito vinculante, **8**/61
Emenda Constitucional, **4**/163, **4**/164, **9**/83
Entidade de 3º grau. Comprovação, **6**/49
Estatuto da Advocacia, **9**/154
Federação. Legitimidade, **3**/36
Férias coletivas, **9**/93
Licença-maternidade. Valor, **7**/132
Omissão legislativa, **5**/170
Parcela autônoma de equivalência, **5**/187
Perda de objeto, **7**/41
Propositura, **3**/35
Provimento n. **5**/99 da CGJT. Juiz Classista. Retroatividade, EC 24/99, **7**/93
Reedição. Aditamento à inicial, **3**/125
Salário mínimo. Omissão parcial. Valor, **7**/19
Servidor público, **9**/94
Superveniência de novo texto constitucional, **4**/167
Trabalho Temporário, **9**/111

Adolescente. Trabalho educativo, **2**/21

ADPF, **8**/155

Advocacia, **7**/174
Revista pessoal em Advogado, **8**/41
Estatuto da, **9**/154

Agravo de Instrumento
Autenticação, **3**/71, **8**/43
Formação, **2**/102, **8**/43
Inviabilidade de recurso extraordinário, **5**/54
Petição Apócrifa, **8**/42

Agravo Regimental, **7**/53

Anencefalia, 8/155

Antecipação de Tutela. Competência, **7**/54

Aposentadoria, **1**/46
Adicional de insalubridade, **7**/134
Aposentadoria Voluntária, **8**/114
Auxílio-alimentação, **3**/130, **5**/143, **6**/192
Continuidade da relação de emprego, **2**/31, **7**/22, **9**/137, **9**/142
Estágio Probatório, **8**/110
Férias, **6**/194
Férias não gozadas. Indenização indevida, **3**/127
Férias proporcionais, **8**/109
Funrural, **9**/146
Gratificação de Natal, **5**/135
Inativos, **8**/121
Juiz classista, **2**/34, **6**/196, **7**/137
Magistrado, **9**/90, **9**/91
Proventos, **5**/142
Tempo de serviço. Arredondamento, **6**/197
Trabalhador rural, **2**/33, **7**/136, **9**/146, **9**/147
Vale-alimentação, **5**/143
V. Benefícios previdenciários. Previdência social

Arbitragem, **4**/169

Assinatura digitalizada, **6**/211

Assistência Social, **5**/147

Associação. Liberdade, **7**/182

Autenticação de peças, **2**/104, **4**/91

Auxílio-doença, **9**/17

Avulso
Competência, **9**/43
Reintegração, **2**/36

Benefícios previdenciários
Conversão, **5**/152
Correção, **5**/155
Marido. Igualdade, **5**/156
Vinculação ao salário mínimo, **6**/198
V. Aposentadoria e contrato de trabalho. Previdência Social

Cartórios
Adicional por tempo de serviço, **9**/75
Concurso público, **9**/75

CIPA
Suplente. Estabilidade, **2**/40

Competência
Ação civil pública. Servidor público, **9**/35
Ação civil pública. Meio ambiente do trabalho, **3**/74
Acidente do Trabalho, **7**/56, **9**/40, **9**/53, **9**/55
Avulso, **9**/56
Danos morais e materiais, **7**/57, **9**/53, **9**/55, **9**/56
Demissão, **9**/105
Descontos indevidos, **3**/75
Descontos previdenciários, **3**/75, **5**/57
Direitos trabalhistas. Doença profissional, **6**/102
Duplicidade de ações, **8**/48
Empregado público federal, **7**/58
Falência, **6**/119
Gatilho salarial. Servidor celetista, **6**/108
Greve de servidor público, **9**/110
Habeas corpus, **6**/121, **9**/58
Indenização por acidente de trabalho, **5**/58
Juiz de Direito investido de jurisdição trabalhista, **6**/109, **8**/51
Justiça do Trabalho, **2**/108, **3**/74, **4**/71
Justiça Federal, **5**/56
Justiça Estadual comum. Servidor estadual estatutário, **3**/79
Legislativa. Direito do Trabalho, **3**/81
Matéria trabalhista, **7**/56
Mudança de regime, **6**/112
Relação jurídica regida pela CLT, **5**/59
Residual, **5**/56, **6**/91
Revisão de enquadramento, **6**/114
Segurança, higiene e saúde do trabalhador, **9**/71
Sentença estrangeira, **9**/156
Servidor estadual celetista, **3**/76, **4**/71, **8**/45
Servidor público. Emenda n. 45/2004, **9**/94
Servidor público federal. Anterioridade à Lei n. 8.112/90, **4**/72
Servidor temporário. Incompetência, **3**/76

Concurso Público
Aprovação. Direito à nomeação, **9**/78
Ascenção funcional, **9**/79
Cartório, **9**/75
Direito à convocação, **3**/103
Edital, **9**/78

Emprego público, **4**/129
Escolaridade, **8**/85
Exigência de altura mínima, **3**/104, **5**/117
Inexistência. Reconhecimento de vínculo, **3**/104
Isonomia, **9**/81
Investidura em serviço público, **4**/131
Limite de idade, **3**/107, **9**/80
Necessidade para professor titular, **3**/110
Preterição, **5**/118
Sociedade de economia mista. Acumulação de cargo público, **5**/93
Suspensão indeferida, **7**/94
Triênio, **9**/116, **9**/118, **9**/122, **9**/124, **9**/126, **9**/130, **9**/132
V. Servidor público

Conselho Nacional de Justiça, **9**/83

Conselho Nacional do Ministério Público, **9**/88

Contribuição fiscal, **4**/73

Contribuição social, **5**/158, **6**/200

Contribuições para sindicatos
V. Receita sindical

Contribuições previdenciárias, **4**/73

Convenção n. 158/OIT, **1**/31, **2**/59, **5**/15, **7**/34, **8**/17
V. Tratados Internacionais

Crime de desobediência, **9**/70

Dano moral, **2**/44, **4**/33
Acidente do trabalho, **9**/53
Base de cálculo, **9**/18, **9**/23
Competência. Justa causa, **9**/53
Competência Justiça do Trabalho, **9**/53
Competência. Justiça Estadual, **9**/55
Indenização. Descabimento, **3**/20

Deficiente
V. Portador de necessidades especiais

Depositário infiel, **4**/77, **6**/212

Detetive Particular
Anotação na CTPS. Mandado de Injunção. Descabimento, **7**/23

Direito à vida, **5**/192

Direito Processual, **2**/99, **3**/69, **4**/67, **5**/49, **6**/89, **7**/49, **8**/37, **9**/33
Celeridade, **9**/45
Prescrição. Períodos descontínuos, **3**/88
Rescisória. Medida cautelar. Planos econômicos, **3**/90

Direitos Coletivos, 1/47, **2**/67, **3**/33, **4**/39, **5**/33, **6**/39, **7**/37, **8**/31, **9**/23
Confederação. Desmembramento, **4**/49
Desmembramento de sindicato. Alcance do art. 8º, II, da CR/88, **3**/64
Desmembramento de sindicato. Condições, **3**/65
Federação. Desmembramento, **4**/50
Liberdade sindical, **1**/49, **3**/64, **4**/49
Registro sindical, **1**/49, **6**/82
Sindicato e associação. Unicidade sindical, **3**/67
Sindicato. Desmembramento, **4**/51
Superposição, **4**/57
Unicidade sindical, **1**/52, 2/92, **3**/67

Direitos Individuais, **1**/15, **2**/13, **3**/11, **4**/11, **5**/13, **6**/15, **7**/15, **8**/15, **9**/15

Dirigente Sindical
Dirigentes de sindicatos de trabalhadores. Garantia de emprego, **4**/41
Estabilidade. Sindicato patronal, **4**/43
Garantia de emprego. Comunicação ao empregador, **3**/38
Limitação de número, **3**/38
Membro de Conselho Fiscal. Estabilidade, **7**/26

Dissídio Coletivo
Autonomia privada coletiva. Representatividade, **4**/44
Convenção Coletiva. Política Salarial, **7**/40, **9**/26
Desnecessidade de negociação. *Quorum*, **3**/43
Dissídio coletivo de natureza jurídica. Admissibilidade, **3**/40
Entidade de 3º grau. Necessidade de comprovação de possuir legitimidade para propositura de ADIn, **6**/49
Legitimidade do Ministério Público, **3**/46
Negociação coletiva. Reposição do poder aquisitivo, **6**/69, **9**/26
Negociação prévia. Indispensabilidade, **4**/46
Quorum real, **4**/47

Discriminação, **7**/176

Dívida de jogo, **6**/214

Embargos de declaração
Prequestionamento. Honorários, **3**/86

Emenda Constitucional n. 45/2004, **9**/43, **9**/45, **9**/53, **9**/55, **9**/58, **9**/83, **9**/88, **9**/93, **9**/94, **9**/98, **9**/102, **9**/116, **9**/120, **9**/122, **9**/124, **9**/126, **9**/130, **9**/132, **9**/156

Engenheiro
Inexistência de acumulação, **6**/19
Piso salarial, **6**/20

Entidade de classe. Legitimidade, **9**/33

Estabilidade
Alcance da Convenção n. 158/OIT. Decisão em liminar, **1**/31, **2**/59, **5**/15
Cargo de confiança. Art. 41, § 1º, da CR/88, e 19, do ADCT, **1**/37, **6**/54
Dirigente de associação, **6**/53
Extinção do regime, **5**/25
Gestante, **4**/28, **6**/26, **8**/19
Membro de Conselho Fiscal de Sindicato, **7**/26
Servidor de sociedade de economia mista. Art. 173, I, da CR/88, **1**/37, **3**/113
Servidor público, **3**/112, **7**/126
Suplente de CIPA. Art. 10, II, a, do ADCT, **1**/32, **2**/40, **3**/18

Estagiário, 2/137

Execução
Custas executivas, **3**/82
Execução. Cédula industrial. Penhora Despacho em R. E., **1**/104, **2**/111
Impenhorabilidade de bens da ECT. Necessidade de precatório. Despachos em recursos extraordinários, **1**/106, **4**/87, **5**/60, **6**/115, **7**/60
Ofensa indireta à Constituição. Descabimento de recurso extraordinário, **6**/117, **8**/76

Exceção de Suspeição, **7**/61

Falência. Execução trabalhista. Competência do TRF, **6**/119

Falta grave
Estabilidade. Opção pelo FGTS. Desnecessidade de apuração de falta greve para a dispensa, **3**/24
Garantia de emprego. Necessidade de apuração de falta grave, **3**/26

Fax
Recurso por fax, **1**/114

Férias, **6**/22, **9**/93

FGTS
Atualização de contas, **7**/28
Correção monetária. Planos econômicos, **4**/17

Fiador, **9**/151

Gestante
Controle por prazo determinado, **8**/20
V. Licença-maternidade

Gratificação de Natal
Incidência da contribuição previdenciária, **2**/48

Gratificação de produtividade, **6**/25

Greve
Abusividade, **2**/78, **3**/50
ADIn. Perda de objeto, **7**/41
Atividade essencial. Ausência de negociação, **2**/81
Multa, **2**/84, **5**/40
Ofensa reflexa, **5**/39
Mandado de injunção, **7**/41
Servidor Público, **2**/90, **6**/59, **7**/41, **9**/110

Habeas corpus, **4**/77, **6**/121, **9**/58

Habeas data, **5**/194

Homossexual, **7**/177

Imunidade de jurisdição, **1**/40, **6**/123, **7**/67, **8**/58

INFRAERO, **8**/22

IPC de março/90. Incidência. Poupança, **5**/195

Julgamento. Paridade, **7**/90

Juros. Taxa de 12%, **3**/121, **4**/71, **9**/60

Juiz Classista, **7**/93, **7**/105, **7**/137

Justiça do Trabalho
Competência, **2**/108, **3**/74, **4**/71, **9**/53, **9**/58, **9**/71
Composição, **4**/80
Desmembramento, **4**/85

Estrutura, **4**/80
Lista de antiguidade, **7**/106
Presidente de TRT, **5**/197
V. Poder normativo da Justiça do Trabalho

Legitimidade
Central sindical, **5**/35
Confederação sindical, **4**/59
Entidade de classe, **9**/25
Sindicato. Legitimidade ativa, **4**/60, **7**/45

Liberdade Sindical, **1**/49
Desmembramento de sindicato. Alcance do Art. 8º, II, da CR/88, **3**/64, **3**/65, **4**/49, **4**/50, **4**/51, **4**/57, **6**/67, **9**/30
V. Unicidade sindical

Licença-maternidade, **2**/50
Acordo coletivo, **5**/23
Fonte de custeio, **4**/31
Gestante. Estabilidade. Ausência de conhecimento do estado gravídico. Comunicação, **4**/28, **6**/26, **8**/19
Horas extras, **6**/30
Mãe adotiva, **4**/32, **6**/32
Valor, **7**/132

Litigância de má-fé, **5**/63

Magistrado
Adicional por tempo de serviço, **7**/108
Aposentadoria. Penalidade, **9**/90
Aposentadoria. Tempo de serviço, **9**/91
Afastamento eventual da Comarca, **8**/89
Docente. Inexistência de acumulação, **8**/90, **9**/92
Férias coletivas, **9**/93
Parcela autonoma de equivalência, **7**/109
Promoção por merecimento, **8**/99
Reajuste de vencimentos, **8**/103
Responsabilidade civil, **7**/122
Tempo de serviço, **9**/91
Triênio, **9**/116, **9**/118, **9**/120, **9**/122, **9**/124, **9**/126, **9**/130, **9**/132

Mandato de injunção coletivo. Legitimidade, **6**/133

Mandado de segurança coletivo, **8**/77

Médico. Jornada de trabalho, **8**/104

Medidas Provisórias
ADIn. Reedição. Aditamento à inicial, **3**/125
Reedição de Medida Provisória, **2**/165
Relevância e urgência, **3**/124

Ministério Público
Interesse coletivo, **6**/134
Interesses individuais homogêneos, **7**/43
Legitimidade. Contribuição Assistencial, **8**/33

Negativa de prestação jurisdicional. Ausência, **5**/70

Negociação coletiva. Reposição de poder aquisitivo, **6**/69, **7**/40, **9**/26
V. Dissídio coletivo

Norma Coletiva
Alcance, **2**/69
Política salarial, **7**/40
Prevalência sobre lei, **5**/37
Reajuste, **3**/53

Pacto de São José da Costa Rica, **7**/183
V. Tratados Internacionais

Planos Econômicos
FGTS. Correção monetária, **4**/17
Rescisória. Medida cautelar, **3**/90
Violação ao art. 5º, II, da CR/88, **1**/17

Portador de necessidades especiais, **6**/35

Poder Normativo da Justiça do Trabalho, **6**/70
Concessão de estabilidade, **1**/76
Conquistas, **1**/77
Limitações, **1**/74
V. Justiça do Trabalho

Policial militar. Relação de emprego, **9**/20

Precatório, **1**/106, **2**/112, **4**/87, **4**/96, **5**/60, **5**/72, **6**/145, **7**/60, **7**/169, **9**/62
Art. 100, § 3º, da Constituição, **6**/145
Autarquia, **9**/62
Correção de cálculos, **8**/67
Crédito trabalhista. Impossibilidade de seqüestro, **5**/72
Instrução normativa n. 11/97-TST. ADIn, **5**/75, **7**/69

Obrigação de pequeno valor. Desnecessidade de expedição, **5**/77, **7**/71, **9**/63
Juros de Mora. Atualização, **8**/68
Juros de mora. Não incidência, **7**/80
Seqüestro, **6**/147, **6**/148, **7**/74, **8**/69, **8**/71, **8**/72, **9**/65

Preposto, **7**/85

Prequestionamento, **2**/123, **5**/79, **6**/157, **7**/87

Prescrição
Efeitos, **7**/88
Extinção do contrato de trabalho, **6**/158
Ministério Público. Argüição, **4**/100
Mudança de regime, **4**/136
Períodos descontínuos, **3**/88
Regra geral, **6**/160
Trabalhador rural, **4**/102

Prestação jurisdicional, **2**/125

Previdência Social, **3**/127, **4**/173, **5**/135, **6**/185, **7**/129, **9**/135
Aposentadoria. Complementação. Petrobrás, **4**/173
Aposentadoria. Férias não gozadas. Indenização indevida, **3**/127
Aposentadoria voluntária, **8**/114
Assistência Social, **5**/147
Auxílio-alimentação. Extensão a aposentados, **3**/130, **5**/143
Cálculo de benefícios, **7**/139
Benefícios. Impossibilidade de revisão, **3**/128, **4**/175, **5**/152
Contribuição. Aposentados e pensionistas, **4**/177, **5**/158, **8**/121
Direito adquirido. Aposentadoria. Valor dos proventos, **4**/178
Gratificação de Natal, **5**/135
Trabalhador rural. Pensão por morte, **3**/130
V. Aposentadoria e contrato de trabalho. Benefícios previdenciários

Prisão Civil, **7**/183

Providências exclusivas. Pedido esdrúxulo, **6**/226

Procedimento sumaríssimo, **4**/104

Procuração *apud acta*, **4**/106

Reajuste salarial. Inexistência de direito adquirido, **3**/29

Receita sindical
Cobrança de não filiados, **3**/59, **6**/82

Contribuição assistencial. Despacho em recurso extraordinário, **1**/69, **3**/56, **5**/42, **5**/44
Contribuição assistencial. Matéria infra constitucional, **8**/33
Contribuição assistencial. Não associados, **9**/28
Contribuição confederativa aplicável para urbanos, **1**/67
Contribuição confederativa. Não associados, **7**/39
Contribuição confederativa para associados, **1**/66, **6**/82
Contribuição confederativa programática para rurais, **1**/68, **6**/83
Contribuição confederativa. Auto-aplicabilidade, **2**/95, **2**/96
Contribuição sindical para servidores públicos, **1**/72
Contribuição sindical patronal. Empresas escritas no Simples, **3**/62
Contribuição sindical rural, **5**/44, **6**/85
Contribuição social, **5**/158

Recurso administrativo em DRT. Multa, **3**/132, **4**/179

Recurso de revista
Cabimento, **8**/75
Pressupostos de admissibilidade, **5**/86

Recurso extraordinário
Cabimento, **2**/130, **4**/108
Descabimento, **4**/109, **6**/162, **9**/67, **9**/68
Decisão de Tribunal Regional, **9**/68
Decisão interlocutória, **9**/67
Prequestionamento, **4**/109
Violação do contraditório, **4**/122

Recurso impróprio, **8**/76

Registro público, **9**/70

Registro sindical, **1**/49, **8**/35

Repouso semanal remunerado
Alcance do advérbio preferentemente. ADIn do art 6º da M. P. n. 1.539-35/97. Art. 7º, XV, da CR/88, **1**/29

Responsabilidade do Estado, **8**/164

Responsabilidade subsidiária, **7**/89

Salário mínimo, **2**/55, **3**/11
ADIn. Omissão parcial. Valor, **7**/19
Dano moral. Indenização, **4**/33
Multa administrativa. Vinculação, **4**/34

Pensão especial. Vinculação, **4**/35
Salário mínimo de referência, **5**/29
Salário profissional. Vedação. Critério discricionário. Aplicação da LICC, **4**/36
Vencimento, **5**/130
Vencimento básico. Vinculação, **4**/37

Segurança, higiene e saúde do trabalhador, **9**/100

Segurança pública, **8**/164

Sentença estrangeira, **9**/156

Serviço público
V. Servidor público. Concurso público

Servidor público
Acumulação de vencimentos, **6**/167
Admissão antes da CR/88, **2**/139
Admissão no serviço público, Art. 37, II da CR/88. Despachos em recursos extraordinários. ADIMC da Medida Provisória n. 1.554/96, **1**/91
Admissão sem concurso, **9**/35
Agências reguladoras. Pessoal celetista. ADIn, **5**/95
Anistia, **2**/153, **2**/155
Anuênio e Licença-Prêmio, **3**/101
Art. 19 do ADCT, **2**/163, **8**/88
Ascensão funcional, **9**/79
Competência da Justiça do Trabalho, **4**/71, **4**/72
Competência da Justiça Federal, **9**/94
Concurso Público, **2**/148, **3**/103, **6**/170, **7**/94, **8**/85
Contratações e dispensas simultâneas, **3**/112
Contribuição social, **5**/158
Demissão, **9**/105
Desvio de função, **5**/122, **9**/106
Engenheiro florestal. Isonomia. Vencimento básico. Equivalência ao salário mínimo, **6**/171
Estabilidade independentemente de opção pelo FGTS, **3**/112, **3**/113
Estabilidade. Emprego público. Inexistência, **8**/87
Estabilidade. Matéria fática, **7**/126
Estabilidade sindical, **5**/123
Exame psicotécnico. Exigência, **6**/176
Gratificação, **9**/109

Greve, **1**/86, **2**/90, **6**/59, **7**/41, **9**/110
Idade, **9**/80
Incompetência da Justiça do Trabalho. Art. 114, da CR/88, **1**/101, **7**/156
Inativos, **7**/103,**7**/118
Inexistência de efetividade no cargo, **3**/114
Isonomia, **9**/81
Médico, **8**/104
Mudança de regime, **4**/136, **5**/125
Nomeação, **9**/78
Ocupante de cargo em comissão, **3**/115
P.I.P.Q., **7**/118
Prestação de serviço. Administração Pública. Art. 19 do ADCT, **4**/139
Reajuste de vencimentos de servidores públicos. Art. 39, § 1º, da CR/88, **1**/85
Reajuste por ato administrativo, **7**/120
Reserva legal, **5**/127, **9**/112
Responsabilidade civil do Estado, **6**/177
Serventuário de Cartório, **4**/142, **9**/75
Servidor municipal celetista. Aplicação do art. 41 da CR/88, **3**/115
Servidor temporário, **7**/128, **9**/111
Sociedade de economia mista. Acumulação de cargo público, **4**/144, **5**/128
Tempo de serviço, **6**/178
Tempo de serviço. Adicional por tempo de serviço. Atividade Privada, **2**/160
Tempo de serviço rural, **7**/136
Temporário, **9**/111
URV, **4**/146
Vantagem *sexta-feira*, **6**/181
Vencimentos de magistrados, **6**/183
V. Concurso público

Sindicato
Legitimidade. Relação jurídica. Integração profissional, **7**/45
Limite de servidores eleitos, **7**/45
Representatividade, **9**/30
Serviços a terceiros, **5**/47
V. Liberdade sindical. Unicidade sindical

Subsídios, **7**/98

Substituição Processual
Alcance, **1**/55, **7**/46
Desnecessidade de autorização, **1**/62
Empregados de empresa pública, **1**/64
Legitimidade, **2**/98, **7**/46
Servidores do Banco Central do Brasil, **1**/65

SÚMULAS DO STF, **7**/143

Sustentação oral, **6**/164, **7**/53

Testemunha litigante, **2**/131, **3**/94, **4**/124

Trabalhador rural
Contribuição, **9**/146
Funrural, **9**/146
Menor de 14 anos, **9**/147
Tempo de serviço, **9**/147

Tratados Internacionais
Competência para denunciar, **7**/34
Hierarquia, **2**/59
V. Convenção n. 158/OIT
V. Pacto de São José da Costa Rica

Triênio de atividade jurídica
Liminar concedida, **9**/116
Liminar negada, **9**/120

Turnos ininterruptos de revezamento
Intervalo. Art. 7º, XIV, da CR/88, **1**/23, **2**/64, **3**/30, **5**/30, **6**/38, **8**/26

Unicidade sindical, **1**/52, **2**/92, **3**/67
V. Liberdade sindical

U.R.V., **4**/146

Vale-refeição
Reajuste mensal, **8**/28
V. Previdência social. Auxílio-alimentação

Violação ao art. 5º, n. II, CR/88, **1**/17

Produção Gráfica e Editoração Eletrônica: **LINOTEC**
Capa: **ELIANA C. COSTA**
Impressão: **CROMOSETE**